La Cuisine Méditerranéenne 2023
Une explosion de saveurs du soleil

Sofia Benali

Indice

paëlla aux légumes 8

Casserole d'aubergines et de riz 10

beaucoup de couscous aux légumes 12

Kushari 15

Boulgour aux tomates et pois chiches 18

maccheroni au maquereau 20

Maccheroni aux tomates cerises et aux anchois 22

Risotto au citron et aux crevettes 24

spaghetti aux palourdes 26

Soupe de poisson à la grecque 28

Riz Vénéré aux Crevettes 30

Pennette au saumon et vodka 32

Carbonara aux fruits de mer 34

Garganelli au pesto de courgettes et crevettes 36

risotto au saumon 39

Pâtes aux tomates cerises et aux anchois 41

Orecchiette au brocoli et à la saucisse 43

Risotto au radicchio et au bacon fumé 45

Pâtes à la génoise 47

Pâtes de chou-fleur de Naples 50

Pasta e Fagioli à l'orange et au fenouil 52

spaghetti au citron 54

Couscous aux Légumes Assaisonnés 56

Riz au four assaisonné de fenouil 58

Couscous marocain aux pois chiches 60

Paella végétarienne aux haricots verts et pois chiches 62

Crevettes à l'ail avec tomates et basilic 64

paëlla aux crevettes 66

Salade de lentilles aux olives, menthe et feta 68

Pois chiches à l'ail et au persil 70

Ragoût de pois chiches aux aubergines et tomates.................................. 72

Riz grec au citron.. 74

Riz à l'ail et aux herbes.. 76

Salade de riz méditerranéenne.. 78

Salade de haricots frais et de thon 80

Délicieuses nouilles au poulet.. 82

Bol de riz Taco saveurs 84

Mac et fromage savoureux 86

Riz au concombre et aux olives... 88

Saveurs de risotto aux herbes... 90

délicieuses pâtes de printemps 92

Pâtes aux poivrons grillés... 94

Fromage Au Basilic Et Tomate Riz 96

macaroni au fromage... 98

pâtes au thon 100

Mélange à panini à l'avocat et à la dinde.. 102

Wrap concombre, poulet et mangue... 104

Fattoush - Pain du Moyen-Orient 106

Focaccia tomates et ail sans gluten 108

Hamburgers grillés aux champignons 110

Baba Ghanousch méditerranéen 112

Petits pains multigrains et sans gluten	114
Linguine aux fruits de mer	116
Crevettes au gingembre et relish de tomates	118
Crevettes et Pâtes	121
cabillaud poché	123
Moules au vin blanc	125
saumon à l'aneth	127
saumon plat	129
mélodie de thon	130
fromage de mer	131
steaks sains	132
saumon aux herbes	133
Thon fumé glacé	134
Croustillant de flétan	135
Fit Thon	136
Steaks de poisson chauds et frais	137
Moules O'Marine	138
Rôti de bœuf méditerranéen à la mijoteuse	139
Bœuf méditerranéen à la mijoteuse avec artichauts	141
Mijoteuse maigre de style méditerranéen à la mijoteuse	143
Pain de viande à la mijoteuse	145
Morceaux de bœuf méditerranéen à la mijoteuse	147
Rôti de porc méditerranéen	149
pizza à la viande	151
Boulettes de boeuf et boulgour	154
Boeuf savoureux et brocoli	156
chili de maïs au boeuf	157

assiette de viande balsamique	158
Sauce soja au rosbif	160
Rôti de Paleron de Bœuf Alecrim	162
Côtelettes de porc et sauce tomate	164
Poulet sauce aux câpres	165
Burgers de dinde avec sauce à la mangue	167
Poitrine de dinde rôtie aux herbes	169
Saucisse de Poulet et Poivrons	171
Poulet haché	173
poulet toscan	175
poulet kapama	177
Poitrine de poulet farcie aux épinards et feta	179
Pilons de poulet rôtis au romarin	181
Poulet aux oignons, pommes de terre, figues et carottes	182
Gyros de poulet au tzatziki	184
Moussaka	186
Longe de porc aux herbes et dijon	189
Steak au Vin Rouge - Sauce aux Champignons	191
Boulettes de viande à la grecque	194
agneau aux haricots	196
Poulet à la sauce tomate balsamique	198
Riz brun, fromage feta, petits pois frais et salade de menthe	200
Pain plat complet farci aux olives et pois chiches	202
Carottes Rôties aux Noix et Haricots Cannellini	204
Poulet assaisonné au beurre	206
Poulet Double Fromage Bacon	208
Crevettes au Citron et Poivre	210

Flétan pané et assaisonné 212

Curry de saumon à la moutarde 214

Saumon en croûte de noix et romarin 215

Spaghetti rapide aux tomates 217

Fromage au four avec origan au poivre 219

311. Poulet Italien Croustillant 219

paëlla aux légumes

Temps de préparation : 25 minutes

temps de cuisson: 45 minutes

Portions : 6

Niveau de difficulté : moyen

Ingrédients:

- ¼ tasse d'huile d'olive
- 1 gros oignon doux
- 1 gros poivron rouge
- 1 gros poivron vert
- 3 gousses d'ail finement hachées
- 1 cuillère à café de paprika fumé
- 5 fils de safran
- 1 courgette coupée en cubes de ½ pouce
- 4 grosses tomates mûres, pelées, épépinées et coupées en dés
- 1 ½ tasse de riz espagnol à grains courts
- 3 tasses de bouillon de légumes, chauffé

Instructions:

Préchauffer le four à 350 ° F. Cuire l'huile d'olive à feu moyen. Ajouter l'oignon et les poivrons rouges et verts et cuire 10 minutes.

Ajouter l'ail, le paprika, les filaments de safran, les courgettes et les tomates. Baisser le feu à moyen-doux et cuire 10 minutes.

Ajouter le riz et le bouillon de légumes. Augmenter le feu pour porter la paella à ébullition. Placer à feu moyen-doux et cuire 15 minutes. Envelopper la plaque de cuisson avec du papier d'aluminium et mettre au four.

Cuire au four pendant 10 minutes ou jusqu'à ce que le bouillon soit absorbé.

Nutrition (pour 100g): 288 calories 10 g de matières grasses 46 g de glucides 3 g de protéines 671 mg de sodium

Casserole d'aubergines et de riz

Temps de préparation : 30 minutes

temps de cuisson: 35 mn

Portions : 4

Niveau de difficulté : difficile

Ingrédients:

- <u>Pour la sauce</u>
- ½ tasse d'huile d'olive
- 1 petit oignon haché
- 4 gousses d'ail écrasées
- 6 tomates mûres, pelées et hachées
- 2 cuillères à soupe de pâte de tomate
- 1 cuillère à café d'origan séché
- ¼ cuillère à café de muscade moulue
- ¼ cuillère à café de cumin moulu
- <u>pour la cocotte</u>
- 4 (6 pouces) aubergines japonaises, coupées en deux sur la longueur
- 2 cuillères à soupe d'huile d'olive
- 1 tasse de riz cuit
- 2 cuillères à soupe de pignons de pin, grillés
- 1 tasse d'eau

Instructions:

faire la sauce

Faire cuire l'huile dans une casserole à fond épais à feu moyen. Mettre l'oignon et cuire 5 minutes. Ajouter l'ail, les tomates, la pâte de tomate, l'origan, la muscade et le cumin. Porter à ébullition puis baisser le feu et cuire 10 minutes. Retirez et réservez.

Pour faire la cocotte

Préchauffez le gril. Pendant que la sauce bout, arroser les aubergines d'huile d'olive et les déposer dans un plat allant au four. Griller environ 5 minutes jusqu'à ce qu'ils soient dorés. Retirer et laisser refroidir. Allumez le four à 375 ° F. Disposez les aubergines refroidies, côté coupé vers le haut, dans un plat allant au four de 9 x 15 pouces. Retirez délicatement une partie de la viande pour faire de la place pour la farce.

Dans un bol, mélanger la moitié de la sauce tomate, le riz cuit et les pignons de pin. Farcir chaque moitié d'aubergine avec le mélange de riz. Dans le même bol, mélanger le reste de sauce tomate et l'eau. Verser sur l'aubergine. Cuire, couvert, pendant 20 minutes jusqu'à ce que les aubergines soient tendres.

Nutrition (pour 100g): 453 calories 39 g de matières grasses 29 g de glucides 7 g de protéines 820 mg de sodium

beaucoup de couscous aux légumes

Temps de préparation : 15 minutes

temps de cuisson: 45 minutes

Portions : 8

Niveau de difficulté : difficile

Ingrédients:

- ¼ tasse d'huile d'olive
- 1 oignon haché
- 4 gousses d'ail hachées
- 2 piments jalapeno, percés à la fourchette à plusieurs endroits
- ½ cuillère à café de cumin moulu
- ½ cuillère à café de coriandre moulue
- 1 boîte (28 onces) de tomates concassées
- 2 cuillères à soupe de pâte de tomate
- 1/8 cuillère à café de sel
- 2 feuilles de laurier
- 11 tasses d'eau, divisées
- 4 carottes
- 2 courgettes, coupées en morceaux de 2 pouces
- 1 courge poivrée, coupée en deux, épépinée et coupée en tranches de 1 pouce d'épaisseur
- 1 boîte (15 onces) de pois chiches, égouttés et rincés
- ¼ tasse de citrons confits hachés (facultatif)

- 3 tasses de couscous

Instructions:

Faites cuire l'huile dans une casserole à fond épais. Ajouter l'oignon et cuire 4 minutes. Incorporer l'ail, les jalapeños, le cumin et la coriandre. Cuire 1 minute. Ajouter les tomates, la pâte de tomate, le sel, les feuilles de laurier et 8 tasses d'eau. Porter le mélange à ébullition.

Ajouter les carottes, les courgettes et la courge et ramener à ébullition. Réduire légèrement le feu, couvrir et cuire environ 20 minutes jusqu'à ce que les légumes soient tendres mais pas pâteux. Prenez 2 tasses du liquide de cuisson et réservez. Assaisonner au besoin.

Ajouter les pois chiches et les citrons confits (le cas échéant). Cuire quelques minutes et éteindre le feu.

Dans une casserole moyenne, porter les 3 autres tasses d'eau à ébullition à feu vif. Ajouter le couscous, couvrir et éteindre le feu. Laisser reposer le couscous 10 minutes. Arroser avec 1 tasse du liquide de cuisson réservé. A l'aide d'une fourchette, aérer le couscous.

Placez-le sur un grand plat. Arroser du liquide de cuisson restant. Retirez les légumes de la poêle et disposez-les dessus. Servir le reste du ragoût dans un bol séparé.

Nutrition (pour 100g): 415 calories 7 g de matières grasses 75 g de glucides 9 g de protéines 718 mg de sodium

Kushari

Temps de préparation : 25 minutes

temps de cuisson: 1 heure et 20 minutes

Portions : 8

Niveau de difficulté : difficile

Ingrédients:

- Pour la sauce
- 2 cuillères à soupe d'huile d'olive
- 2 gousses d'ail hachées
- 1 boîte (16 onces) de sauce tomate
- ¼ tasse de vinaigre blanc
- ¼ tasse d'harissa ou du commerce
- 1/8 cuillère à café de sel
- pour le riz
- 1 tasse d'huile d'olive
- 2 oignons émincés
- 2 tasses de lentilles brunes séchées
- 4 pintes plus ½ tasse d'eau, divisé
- 2 tasses de riz à grain court
- 1 cuillère à café de sel
- Pâtes courtes d'une demi-livre
- 1 boîte (15 onces) de pois chiches, égouttés et rincés

Instructions:

faire la sauce

Dans une poêle, faire cuire l'huile. Faire revenir l'ail. Incorporer la sauce tomate, le vinaigre, l'harissa et le sel. Porter la sauce à ébullition. Baisser le feu et cuire 20 minutes ou jusqu'à ce que la sauce épaississe. Retirez et réservez.

Pour faire le riz

Préparez l'assiette avec du papier absorbant et réservez. Dans une grande poêle à feu moyen, chauffer l'huile. Faire revenir l'oignon en remuant constamment jusqu'à ce qu'il devienne croustillant et doré. Transférer les oignons dans le plat préparé et réserver. Réserver 2 cuillères à soupe d'huile de cuisson. Réservez la poêle.

À feu vif, mélanger les lentilles et 4 tasses d'eau dans une casserole. Porter à ébullition et cuire 20 minutes. Filtrer et mélanger avec les 2 cuillères à soupe d'huile de cuisson réservées. Mettez-le de côté. Réservez la casserole.

Placez la poêle que vous avez utilisée pour faire frire les oignons à feu moyen-vif et ajoutez le riz, 4½ tasses d'eau et le sel. Porter à ébullition. Réglez le feu à doux et laissez cuire 20 minutes. Éteignez et laissez reposer 10 minutes. Porter les 8 tasses d'eau restantes, salée, à ébullition à feu vif dans la même casserole que celle utilisée pour cuire les lentilles. Ajouter les pâtes et cuire pendant 6 minutes ou selon les instructions sur l'emballage. Courez et réservez.

Conduire

Placer le riz sur un plat. Garnir de lentilles, de pois chiches et de pâtes. Arroser de sauce tomate chaude et saupoudrer d'oignons frits croustillants.

Nutrition (pour 100g): 668 calories 13 g de matières grasses 113 g de glucides 18 g de protéines 481 mg de sodium

Boulgour aux tomates et pois chiches

Temps de préparation : 10 minutes

temps de cuisson: 35 mn

Portions : 6

Niveau de difficulté : moyen

Ingrédients:

- ½ tasse d'huile d'olive
- 1 oignon haché
- 6 tomates en dés ou 1 boîte (16 oz) de tomates en dés
- 2 cuillères à soupe de pâte de tomate
- 2 tasses d'eau
- 1 cuillère à soupe d'harissa ou du commerce
- 1/8 cuillère à café de sel
- 2 tasses de boulgour épais
- 1 boîte (15 onces) de pois chiches, égouttés et rincés

Instructions:

Dans une poêle à fond épais à feu moyen, faire chauffer l'huile. Faire revenir l'oignon, ajouter les tomates avec leur jus et cuire 5 minutes.

Incorporer la pâte de tomate, l'eau, l'harissa et le sel. Porter à ébullition.

Incorporer le boulgour et les pois chiches. Remettre le mélange à ébullition. Baissez le feu et laissez cuire 15 minutes. Laisser reposer 15 minutes avant de servir.

Nutrition (pour 100g): 413 calories 19 g de matières grasses 55 g de glucides 14 g de protéines 728 mg de sodium

maccheroni au maquereau

Temps de préparation : 10 minutes

temps de cuisson: 15 minutes

Portions : 4

Niveau de difficulté : facile

Ingrédients:

- 12 onces de pâtes
- 1 gousse d'ail
- 14 onces de sauce tomate
- 1 brin de persil haché
- 2 piments frais
- 1 cuillère à café de sel
- 7 onces de maquereau à l'huile
- 3 cuillères à soupe d'huile d'olive extra vierge

Instructions:

Commencez par porter de l'eau à ébullition dans une casserole. Pendant que l'eau chauffe, prenez une casserole, mettez de l'huile et de l'ail et mettez à feu doux. Une fois l'ail cuit, retirez-le de la poêle.

Coupez le poivron, retirez les graines internes et coupez-le en fines lanières.

Ajouter l'eau de cuisson et le piment dans la même poêle qu'avant. Retirez ensuite le maquereau et, après avoir égoutté l'huile et l'avoir séparé à la fourchette, placez-le dans la poêle avec les autres ingrédients. Faire revenir légèrement en ajoutant un peu d'eau de cuisson.

Lorsque tous les ingrédients sont bien incorporés, mettez la purée de tomates dans la casserole. Bien mélanger pour homogénéiser tous les ingrédients et faire cuire à feu doux environ 3 minutes.

Passons à la pâte :

Une fois que l'eau commence à bouillir, ajoutez le sel et les pâtes. Égouttez les maccheroni dès qu'ils sont légèrement al dente et ajoutez-les à la sauce que vous avez préparée.

Faire sauter quelques instants dans la sauce et après dégustation, saler et poivrer au goût.

Nutrition (pour 100g): 510 Calories 15,4 g Lipides 70 g Glucides 22,9 g Protéines 730 mg Sodium

Maccheroni aux tomates cerises et aux anchois

Temps de préparation : 10 minutes

temps de cuisson: 15 minutes

Portions : 4

Niveau de difficulté : facile

Ingrédients:

- 14 onces de pâtes
- 6 anchois salés
- 4 onces de tomates cerises
- 1 gousse d'ail
- 3 cuillères à soupe d'huile d'olive extra vierge
- poivrons frais au goût
- 3 feuilles de basilic
- sel au goût

Instructions:

Commencez par faire chauffer de l'eau dans une casserole et ajoutez du sel quand elle bout. Pendant ce temps, préparez la sauce : prenez les tomates lavées et coupez-les en 4 morceaux.

Maintenant, prenez une poêle antiadhésive, arrosez d'un peu d'huile et jetez-y une gousse d'ail. Une fois cuit, retirez-le de la poêle. Ajouter les anchois nettoyés dans la poêle en les faisant fondre dans l'huile.

Lorsque les anchois sont bien dissous, ajoutez les morceaux de tomates hachées et placez sur feu vif jusqu'à ce qu'ils commencent à ramollir (attention à ne pas trop les ramollir).

Ajouter le piment sans pépins, coupé en petits morceaux et assaisonner.

Transférer les pâtes dans la casserole d'eau bouillante, les égoutter al dente et les laisser cuire quelques instants dans la casserole.

Nutrition (pour 100g): 476 Calories 11 g Lipides 81,4 g Glucides 12,9 g Protéines 763 mg Sodium

Risotto au citron et aux crevettes

Temps de préparation : 10 minutes

temps de cuisson: 30 minutes

Portions : 4

Niveau de difficulté : facile

Ingrédients:

- 1 citron
- 14 onces de crevettes non décortiquées
- 1 ¾ tasse de riz à risotto
- 1 oignon blanc
- 33 pages oz (1 litre) de bouillon de légumes (encore moins c'est bien)
- 2 ½ cuillères à soupe de beurre
- ½ verre de vin blanc
- sel au goût
- poivre noir au goût
- ciboulette au goût

Instructions:

Commencez par faire bouillir les crevettes dans de l'eau salée pendant 3-4 minutes, égouttez et réservez.

Épluchez et hachez finement un oignon, faites-le revenir dans du beurre fondu et, dès que le beurre sèche, faites griller le riz à la poêle quelques minutes.

Déglacer le riz avec un demi verre de vin blanc et ajouter le jus d'1 citron. Remuer et terminer la cuisson du riz en continuant d'ajouter une cuillerée de bouillon de légumes au besoin.

Bien mélanger et quelques minutes avant la fin de la cuisson ajouter les crevettes préalablement cuites (en réserver pour la garniture) et un peu de poivre noir.

Une fois le feu éteint, ajouter une noix de beurre et remuer. Le risotto est prêt à être servi. Garnir avec les crevettes restantes et saupoudrer de quelques oignons nouveaux.

Nutrition (pour 100g): 510 Calories 10 g Lipides 82,4 g Glucides 20,6 g Protéines 875 mg Sodium

spaghetti aux palourdes

Temps de préparation : 10 minutes

temps de cuisson: 40 minutes

Portions : 4

Niveau de difficulté : facile

Ingrédients:

- 11,5 onces de spaghettis
- 2 livres de palourdes
- 7 onces de sauce tomate, ou de purée de tomates, pour la version rouge de ce plat
- 2 gousses d'ail
- 4 cuillères à soupe d'huile d'olive extra vierge
- 1 verre de vin blanc sec
- 1 cuillère à soupe de persil haché
- 1 poivre

Instructions:

Commencez par laver les palourdes : ne jamais « purger » les palourdes - elles ne doivent être ouvertes qu'à la chaleur, sinon leur précieux liquide interne sera perdu avec le sable. Lavez rapidement les palourdes à l'aide d'une passoire placée dans un saladier : cela filtrera le sable des coquilles.

Ensuite, placez immédiatement les palourdes égouttées dans une casserole couverte à feu vif. Retournez-les de temps en temps et, lorsqu'ils sont presque tous ouverts, retirez-les du feu. Les palourdes qui restent fermées sont mortes et doivent être éliminées. Retirez les mollusques de ceux qui sont ouverts, en laissant quelques entiers pour décorer les assiettes. Coe le liquide restant du fond de la casserole et réserver.

Prenez une grande casserole et mettez-y un peu d'huile. Faites chauffer un poivron entier et une ou deux gousses d'ail écrasées à feu très doux jusqu'à ce que les gousses jaunissent. Ajouter les palourdes et assaisonner de vin blanc sec.

Maintenant, ajoutez le liquide de palourdes préalablement égoutté et du persil haché.

Egouttez et placez immédiatement les spaghettis al dente dans la poêle, après les avoir cuits dans une grande quantité d'eau salée. Bien mélanger jusqu'à ce que les spaghettis aient absorbé tout le liquide des palourdes. Si vous n'avez pas utilisé de poivre, ajoutez une légère pincée de poivre blanc ou noir.

Nutrition (pour 100g): 167 Calories 8 g Lipides 8,63 g Glucides 5 g Protéines 720 mg Sodium

Soupe de poisson à la grecque

Temps de préparation : 10 minutes

temps de cuisson: 60 minutes

Portions : 4

Niveau de difficulté : facile

Ingrédients:

- Merlu ou autre poisson blanc
- 4 pommes de terre
- 4 oignons nouveaux
- 2 carottes
- 2 branches de céleri
- 2 tomates
- 4 cuillères à soupe d'huile d'olive extra vierge
- 2 oeufs
- 1 citron
- 1 tasse de riz
- sel au goût

Instructions:

Choisissez un poisson ne pesant pas plus de 2,2 kilogrammes, retirez les écailles, les branchies et les intestins et lavez-le soigneusement. Sel et livre.

Lavez les pommes de terre, les carottes et les oignons et mettez-les entiers dans la casserole avec suffisamment d'eau pour les faire tremper puis portez à ébullition.

Ajoutez le céleri encore attaché en bottes pour qu'il ne se disperse pas pendant la cuisson, coupez les tomates en quatre parties et ajoutez-les également, ainsi que l'huile et le sel.

Lorsque les légumes sont presque cuits, ajouter plus d'eau et le poisson. Faire bouillir pendant 20 minutes et retirer du bouillon avec les légumes.

Placer le poisson sur un plat en le garnissant de légumes et filtrer le bouillon. Remettez le bouillon sur le feu en le diluant avec un peu d'eau. Après ébullition, ajouter le riz et assaisonner de sel. Une fois le riz cuit, retirez la casserole du feu.

Préparez la sauce avgolemono :

Bien battre les œufs et ajouter progressivement le jus de citron. Mettre un peu de bouillon dans une louche et verser progressivement dans les œufs en remuant constamment.

Enfin, ajoutez la sauce obtenue à la soupe et mélangez bien.

Nutrition (pour 100g): 263 Calories 17,1 g Lipides 18,6 g Glucides 9 g Protéines 823 mg Sodium

Riz Vénéré aux Crevettes

Temps de préparation : 10 minutes

temps de cuisson: 55 minutes

Portions : 3

Niveau de difficulté : facile

Ingrédients:

- 1 ½ tasse de riz Venere noir (meilleur étuvé)
- 5 cuillères à café d'huile d'olive extra vierge
- 10,5 onces de crevettes
- 10,5 onces de courgettes
- 1 citron (jus et zeste)
- sel de table au goût
- poivre noir au goût
- 1 gousse d'ail
- tabasco au goût

Instructions:

Commençons par le riz :

Après avoir rempli une casserole avec beaucoup d'eau et l'avoir portée à ébullition, ajouter le riz, ajouter le sel et laisser cuire le temps nécessaire (voir les instructions de préparation sur l'emballage).

Pendant ce temps, râpez les courgettes avec la râpe à gros trous. Dans une poêle, faites chauffer l'huile avec la gousse d'ail épluchée, ajoutez les courgettes râpées, salez et poivrez et faites cuire 5 minutes, retirez la gousse d'ail et réservez les légumes.

Nettoyez maintenant les crevettes :

Retirez la peau, coupez la queue, divisez-la en deux dans le sens de la longueur et retirez l'intestin (le fil noir sur le dos). Placer les crevettes nettoyées dans un bol et assaisonner avec de l'huile d'olive; donnez-lui une saveur supplémentaire en ajoutant du zeste de citron, du sel et du poivre, et en ajoutant quelques gouttes de Tabasco si vous le souhaitez.

Réchauffez les crevettes dans une poêle bien chaude pendant quelques minutes. Une fois cuit, réserver.

Une fois le riz Venere prêt, filtrez-le dans un bol, ajoutez le mélange de courgettes et remuez.

Nutrition (pour 100g): 293 Calories 5g Lipides 52g Glucides 10g Protéines 655mg Sodium

Pennette au saumon et vodka

Temps de préparation : 10 minutes

temps de cuisson: 18 minutes

Portions : 4

Niveau de difficulté : facile

Ingrédients:

- Pennette Rigate 14oz
- 7 onces de saumon fumé
- 1,2 oz d'échalote
- 1,35 fl. onces (40 ml) de vodka
- 5 onces de tomates cerises
- 7 onces de crème liquide fraîche (je recommande la crème végétale pour un plat plus léger)
- ciboulette au goût
- 3 cuillères à soupe d'huile d'olive extra vierge
- sel au goût
- poivre noir au goût
- Basilic au goût (pour la garniture)

Instructions:

Laver et couper les tomates et la ciboulette. Après avoir épluché l'oignon, hachez-le avec un couteau, placez-le dans une casserole et laissez-le mariner quelques instants dans de l'huile d'olive extra vierge.

Pendant ce temps, coupez le saumon en lanières et faites-le revenir avec l'huile d'olive et l'échalote.

Mélangez le tout avec la vodka en faisant attention car il peut y avoir une flamme (si une flamme monte, ne vous inquiétez pas, elle s'atténuera une fois l'alcool complètement évaporé). Ajouter les tomates concassées et une pincée de sel et, si vous le souhaitez, un peu de poivre. Ajouter enfin la crème et la ciboulette ciselée.

Pendant que la sauce continue de cuire, préparez les pâtes. Une fois l'eau bouillante, verser la Pennette et cuire jusqu'à ce qu'elle soit al dente.

Égoutter les pâtes et verser la pennette dans la sauce en laissant cuire quelques instants pour absorber toute la saveur. Si vous le souhaitez, décorez d'une feuille de basilic.

Nutrition (pour 100g): 620 Calories 21,9 g Lipides 81,7 g Glucides 24 g Protéines 326 mg Sodium

Carbonara aux fruits de mer

Temps de préparation : 15 minutes

temps de cuisson: 50 minutes

Portions : 3

Niveau de difficulté : facile

Ingrédients:

- 11,5 onces de spaghettis
- 3,5 onces de thon
- 3,5 onces d'espadon
- 3,5 onces de saumon
- 6 gemmes
- 4 cuillères à soupe de parmesan (Parmigiano Reggiano)
- 2pages onces (60 ml) de vin blanc
- 1 gousse d'ail
- Huile d'olive extra vierge au goût
- sel de table au goût
- poivre noir au goût

Instructions:

Préparez de l'eau bouillante dans une casserole et ajoutez un peu de sel.

Pendant ce temps, placez 6 jaunes d'œufs dans un bol et ajoutez le parmesan râpé, le poivre et le sel. Battre au fouet et diluer avec un peu d'eau de la casserole.

Retirez les arêtes du saumon, les écailles de l'espadon et coupez le thon, le saumon et l'espadon en cubes.

Une fois à ébullition, ajouter les pâtes et cuire légèrement al dente.

Pendant ce temps, faites chauffer un peu d'huile dans une grande poêle, ajoutez la gousse d'ail entière épluchée. Lorsque l'huile est chaude, ajouter les cubes de poisson et faire sauter à feu vif environ 1 minute. Retirer l'ail et ajouter le vin blanc.

Une fois l'alcool évaporé, retirez les cubes de poisson et baissez le feu. Une fois les spaghettis prêts, ajoutez-les dans la poêle et faites cuire environ une minute en remuant constamment et en ajoutant l'eau de cuisson si nécessaire.

Ajouter le mélange de jaunes et les cubes de poisson. Bien mélanger. Servir.

Nutrition (pour 100g): 375 Calories 17g Lipides 41.40g Glucides 14g Protéines 755 mg Sodium

Garganelli au pesto de courgettes et crevettes

Temps de préparation : 10 minutes

temps de cuisson: 30 minutes

Portions : 4

Niveau de difficulté : moyen

Ingrédients:

- Garganelli à base d'œufs de 14 oz
- Pour le pesto de courgettes :
- 7 onces de courgettes
- 1 tasse de pignons de pin
- 8 cuillères à soupe (0,35 oz) de basilic
- 1 cuillère à café de sel de table
- 9 cuillères à soupe d'huile d'olive extra vierge
- 2 cuillères à soupe de parmesan à râper
- 1 once de pecorino à râper
- Pour les crevettes sautées :
- 8,8 onces de crevettes
- 1 gousse d'ail
- 7 cuillères à café d'huile d'olive extra vierge
- pincée de sel

Instructions:

Commencez par préparer le pesto :

Après avoir lavé les courgettes, râpez-les, mettez-les dans une passoire (pour qu'elles perdent l'excès de liquide) et salez légèrement. Mettre les pignons de pin, les courgettes et les feuilles de basilic dans un mixeur. Ajouter le parmesan râpé, le pecorino et l'huile d'olive extra vierge.

Battre le tout jusqu'à obtenir un mélange crémeux, ajouter une pincée de sel et réserver.

Passer aux crevettes :

Retirez d'abord l'intestin en coupant le dos de la crevette avec un couteau sur toute sa longueur et, avec la pointe du couteau, retirez le fil noir à l'intérieur.

Cuire la gousse d'ail dans une poêle antiadhésive avec de l'huile d'olive extra vierge. Lorsqu'ils sont dorés, retirez l'ail et ajoutez les crevettes. Faites-les revenir environ 5 minutes à feu moyen, jusqu'à ce que vous voyiez une croûte croustillante à l'extérieur.

Faites ensuite bouillir une casserole d'eau salée et faites cuire les Garganelli. Réserver quelques cuillères à soupe d'eau de cuisson et égoutter les pâtes al dente.

Placez les Garganelli dans la poêle où vous avez fait cuire les crevettes. Cuire une minute, ajouter une cuillerée d'eau de cuisson et enfin ajouter le pesto de courgettes.

Bien mélanger le tout pour combiner les pâtes avec la sauce.

Nutrition (pour 100g): 776 Calories 46g Lipides 68g Glucides 22.5g Protéines 835mg Sodium

risotto au saumon

Temps de préparation : 10 minutes

temps de cuisson: 30 minutes

Portions : 4

Niveau de difficulté : moyen

Ingrédients:

- 1 ¾ tasse (12,3 onces) de riz
- 8,8 onces de steaks de saumon
- 1 poireau
- Huile d'olive extra vierge au goût
- 1 gousse d'ail
- ½ verre de vin blanc
- 3 ½ cuillères à soupe de Grana Padano râpé
- sel au goût
- poivre noir au goût
- 17 pages 500 ml de bouillon de poisson
- 1 tasse de beurre

Instructions:

Commencez par nettoyer le saumon et coupez-le en petits morceaux. Faites cuire 1 cuillère à soupe d'huile dans une poêle avec une gousse d'ail entière et faites revenir le saumon pendant 2/3 minutes, salez et réservez le saumon en enlevant l'ail.

Maintenant, commencez à préparer le risotto :

Couper le poireau en très petits morceaux et le faire bouillir dans une poêle à feu doux avec deux cuillères à soupe d'huile d'olive. Ajouter le riz et cuire quelques secondes à feu moyen-élevé en remuant avec une cuillère en bois.

Ajouter le vin blanc et poursuivre la cuisson en remuant de temps en temps, en essayant de ne pas laisser le riz coller à la casserole, et ajouter progressivement le bouillon (légumes ou poisson).

A mi-cuisson, ajouter le saumon, le beurre et une pincée de sel si besoin. Lorsque le riz est bien cuit, retirer du feu. Mélanger avec quelques cuillères à soupe de Grana Padano râpé et servir.

Nutrition (pour 100g): 521 Calories 13g Lipides 82g Glucides 19g Protéines 839mg Sodium

Pâtes aux tomates cerises et aux anchois

Temps de préparation : 15 minutes

temps de cuisson: 35 mn

Portions : 4

Niveau de difficulté : facile

Ingrédients:

- 10,5 onces de spaghettis
- 1,3 livre de tomates cerises
- 9 oz d'anchois (pré-nettoyés)
- 2 cuillères à soupe de câpres
- 1 gousse d'ail
- 1 petit oignon rouge
- persil au goût
- Huile d'olive extra vierge au goût
- sel de table au goût
- poivre noir au goût
- Olives noires au goût

Instructions:

Couper la gousse d'ail en obtenant de fines tranches.

Coupez les tomates cerises en 2. Pelez l'oignon et coupez-le en fines tranches.

Dans une casserole mettre un peu d'huile d'olive avec l'ail et l'oignon émincés. Chauffez le tout à feu moyen pendant 5 minutes; remuer de temps en temps.

Une fois le tout bien assaisonné, ajouter les tomates cerises et une pincée de sel et de poivre. Cuire pendant 15 minutes. Pendant ce temps, mettez une casserole d'eau sur le feu et, dès qu'elle bout, ajoutez le sel et les pâtes.

Lorsque la sauce est presque prête, incorporer les anchois et cuire quelques minutes. Remuer doucement.

Éteignez le feu, hachez le persil et mettez-le dans la casserole.

Une fois cuites, égouttez les pâtes et incorporez-les directement à la sauce. Rallumez le radiateur pendant quelques secondes.

Nutrition (pour 100g): 446 Calories 10g Lipides 66.1g Glucides 22.8g Protéines 934mg Sodium

Orecchiette au brocoli et à la saucisse

Temps de préparation : 10 minutes

temps de cuisson: 32 minutes

Portions : 4

Niveau de difficulté : moyen

Ingrédients:

- 11,5 onces d'Orecchiette
- 10,5 brocoli
- 10,5 onces de saucisse
- 1,35 fl. onces (40 ml) de vin blanc
- 1 gousse d'ail
- 2 branches de thym
- 7 cuillères à café d'huile d'olive extra vierge
- poivre noir au goût
- sel de table au goût

Instructions:

Faire bouillir la casserole avec beaucoup d'eau et de sel. Retirez le brocoli de la tige et coupez-le en deux ou en 4 s'il est très gros ; puis mettez-les dans l'eau bouillante et couvrez la casserole et faites cuire pendant 6-7 minutes.

Pendant ce temps, hachez finement le thym et réservez. Retirer le boyau de la saucisse et, à l'aide d'une fourchette, pétrir doucement.

Faire revenir la gousse d'ail avec un peu d'huile et ajouter la saucisse. Après quelques secondes, ajouter le thym et un trait de vin blanc.

Sans jeter l'eau de cuisson, retirer les brocolis cuits à l'aide d'une écumoire et les ajouter à la viande petit à petit. Cuire le tout pendant 3-4 minutes. Retirer l'ail et ajouter une pincée de poivre noir.

Portez à ébullition l'eau où vous avez fait cuire le brocoli, puis ajoutez les pâtes et laissez cuire. Une fois les pâtes cuites, égouttez-les avec une écumoire en les transférant directement dans la sauce à la saucisse de brocoli. Ensuite, mélangez bien, ajoutez du poivre noir et faites revenir le tout dans la poêle pendant quelques minutes.

Nutrition (pour 100g): 683 Calories 36g Lipides 69.6g Glucides 20g Protéines 733mg Sodium

Risotto au radicchio et au bacon fumé

Temps de préparation : 10 minutes

temps de cuisson: 30 minutes

Portions : 3

Niveau de difficulté : moyen

Ingrédients:

- 1 ½ tasse de riz
- 14 onces de radicchio
- 5,3 onces de bacon fumé
- 34 pages oz (1l) de bouillon de légumes
- 3,4 fl. onces (100 ml) de vin rouge
- 7 cuillères à café d'huile d'olive extra vierge
- 1,7 oz d'échalotes
- sel de table au goût
- poivre noir au goût
- 3 brins de thym

Instructions:

Commençons par préparer le bouillon de légumes.

Commencez par le radicchio : coupez-le en deux et retirez la partie centrale (la partie blanche). Couper en lanières, bien rincer et réserver. Coupez également le lard fumé en petites lanières.

Hacher finement l'échalote et la mettre dans une poêle avec un peu d'huile. Porter à ébullition à feu moyen en ajoutant une louche de bouillon, puis ajouter les lardons et laisser dorer.

Après environ 2 minutes, ajoutez le riz et faites-le griller en remuant constamment. A ce stade, versez le vin rouge à feu vif.

Une fois que tout l'alcool s'est évaporé, poursuivez la cuisson en ajoutant du bouillon une louche à la fois. Laissez sécher le précédent avant d'en ajouter un autre, jusqu'à ce qu'il soit complètement cuit. Ajouter du sel et du poivre noir (selon la quantité que vous décidez d'ajouter).

En fin de cuisson, ajouter les lanières de radicchio. Bien mélanger jusqu'à ce qu'ils soient mélangés avec le riz, mais sans les cuire. Ajouter le thym haché.

Nutrition (pour 100g): 482 Calories 17,5 g Lipides 68,1 g Glucides 13 g Protéines 725 mg Sodium

Pâtes à la génoise

Temps de préparation : 10 minutes

temps de cuisson: 25 minutes

Portions : 3

Niveau de difficulté : moyen

Ingrédients:

- 11,5 onces de Ziti
- 1 kilo de viande
- 2,2 livres d'oignon doré
- 2 onces de céleri
- 2 onces de carottes
- 1 bouquet de persil
- 3,4 fl. 100 ml (oz) de vin blanc
- Huile d'olive extra vierge au goût
- sel de table au goût
- poivre noir au goût
- parmesan au goût

Instructions:

Pour préparer la pâte, commencez par :

Pelez et hachez finement les oignons et les carottes. Ensuite, lavez et hachez finement le céleri (ne jetez pas les feuilles, qui doivent également être hachées et réservées). Passez ensuite à la viande, essuyez l'excédent de gras et coupez en 5/6 gros morceaux. Enfin, attachez les feuilles de céleri et le brin de persil avec de la ficelle de cuisine pour créer un bouquet parfumé.

Remplir une grande poêle avec beaucoup d'huile. Ajoutez l'oignon, le céleri et la carotte (que vous avez réservés plus tôt) et laissez cuire quelques minutes.

Ajoutez ensuite les morceaux de viande, une pincée de sel et le bouquet parfumé. Remuer et cuire quelques minutes. Puis baissez le feu et couvrez avec un couvercle.

Cuire au moins 3 heures (ne pas ajouter d'eau ni de bouillon car l'oignon libérera tout le liquide nécessaire pour éviter que le fond de la casserole ne se dessèche). De temps en temps, vérifiez tout et remuez.

Après 3 heures de cuisson, retirez le bouquet d'herbes, augmentez un peu le feu, ajoutez une partie du vin et remuez.

Cuire la viande à découvert pendant environ une heure en remuant constamment et en ajoutant le vin lorsque le fond de la casserole est sec.

À ce stade, prenez un morceau de viande, coupez-le en tranches sur une planche et réservez. Hachez le ziti et faites-le cuire à l'eau bouillante salée.

Une fois cuit, égoutter et remettre dans la casserole. Versez quelques cuillères à soupe d'eau de cuisson et remuez. Mettez-le dans une assiette et ajoutez un peu de sauce et la viande émiettée (celle réservée à l'étape 7). Poivrer et parmesan râpé au goût.

Nutrition (pour 100g): 450 Calories 8 g Lipides 80 g Glucides 14,5 g Protéines 816 mg Sodium

Pâtes de chou-fleur de Naples

Temps de préparation : 15 minutes

temps de cuisson: 35 mn

Portions : 3

Niveau de difficulté : moyen

Ingrédients:

- 10,5 oz de pâte
- 1 chou-fleur
- 3,4 fl. 100 ml (oz) de purée de tomates
- 1 gousse d'ail
- 1 poivre
- 3 cuillères à soupe d'huile d'olive extra vierge (ou cuillères à café)
- sel au goût
- Poivre à goûter

Instructions:

Nettoyez bien le chou-fleur : retirez les feuilles extérieures et la tige. Coupez-le en petits bouquets.

Épluchez la gousse d'ail, hachez-la et faites-la dorer dans une cocotte avec l'huile d'olive et le piment.

Ajouter la purée de tomates et les bouquets de chou-fleur et faire revenir quelques minutes à feu moyen, couvrir de quelques louches d'eau et cuire 15-20 minutes ou au moins jusqu'à ce que le chou-fleur commence à devenir crémeux.

Si vous constatez que le fond de la casserole est trop sec, ajoutez autant d'eau que nécessaire pour que le mélange reste liquide.

À ce stade, couvrez le chou-fleur d'eau chaude et, lorsqu'il bout, ajoutez les pâtes.

Assaisonnez avec du sel et du poivre.

Nutrition (pour 100g): 458 Calories 18g Lipides 65g Glucides 9g Protéines 746mg Sodium

Pasta e Fagioli à l'orange et au fenouil

Temps de préparation : 10 minutes

temps de cuisson: 30 minutes

Portions : 5

Niveau de difficulté : difficulté

Ingrédients:

- Huile d'olive extra vierge - 1 c. plus extra pour servir
- Pancetta - 2 onces, finement hachée
- Oignon - 1, finement haché
- Fenouil - 1 bulbe, tiges jetées, bulbe coupé en deux, évidé et haché finement
- Céleri - 1 côte hachée
- Ail - 2 gousses, hachées
- Filets d'anchois - 3, lavés et hachés
- origan frais haché - 1 c.
- Zeste d'écorce d'orange - 2 c.
- Graines de fenouil - ½ c.
- Flocons de piment rouge - ¼ c.
- Tomates en dés - 1 boîte (28 oz)
- Fromage parmesan - 1 croûte, et plus pour servir
- Haricots Cannellini - 1 (7 onces) canettes, rincées
- Bouillon de poulet - 2 ½ tasses
- Eau - 2 ½ tasses
- Sel et poivre

- Orzo - 1 tasse
- Persil frais haché - ¼ tasse

Instructions:

Faire chauffer l'huile dans un faitout à feu moyen. Ajouter la pancetta. Frire de 3 à 5 minutes ou jusqu'à ce qu'il commence à dorer. Ajouter le céleri, le fenouil et l'oignon et faire revenir jusqu'à ce qu'ils soient ramollis (environ 5 à 7 minutes).

Incorporer les flocons de chili, les graines de fenouil, le zeste d'orange, l'origan, les anchois et l'ail. Cuire 1 minute. Ajouter les tomates et leur jus. Ajouter la croûte de parmesan et les haricots.

Cuire et laisser cuire 10 minutes. Incorporer l'eau, le bouillon et 1 c. sel. Porter à ébullition à feu vif. Ajouter les macaronis et cuire jusqu'à ce qu'ils soient al dente.

Retirer du feu et jeter la croûte de parmesan.

Ajouter le persil et assaisonner avec du sel et du poivre au goût. Verser un peu d'huile d'olive et recouvrir de parmesan râpé. Servir.

Nutrition (pour 100g): 502 Calories 8,8 g Lipides 72,2 g Glucides 34,9 g Protéines 693 mg Sodium

spaghetti au citron

Temps de préparation : 10 minutes
temps de cuisson: 15 minutes
Portions : 6
Niveau de difficulté : facile

Ingrédients:

- Huile d'olive extra vierge - ½ tasse
- zeste de citron râpé - 2 c.
- Jus de citron - 1/3 tasse
- Ail - 1 gousse d'ail, émincée
- Sel et poivre
- Fromage parmesan - 2 onces, râpé
- Spaghetti - 1 livre
- basilic frais râpé - 6 c.

Instructions:

Dans un bol, fouetter l'ail, l'huile, le zeste de citron, le jus et ½ c. sel et ¼ c. Poivre. Ajouter le parmesan et mélanger jusqu'à consistance crémeuse.

Pendant ce temps, faire cuire les pâtes selon les indications du paquet. Égoutter et réserver ½ tasse d'eau de cuisson. Ajouter le mélange d'huile et de basilic aux nouilles et bien mélanger. Bien assaisonner et ajouter l'eau de cuisson au besoin. Servir.

Nutrition (pour 100g): 398 Calories 20,7 g Lipides 42,5 g Glucides 11,9 g Protéines 844 mg Sodium

Couscous aux Légumes Assaisonnés

Temps de préparation : 10 minutes

temps de cuisson: 20 minutes

Portions : 6

Niveau de difficulté : difficile

Ingrédients:

- Chou-fleur - 1 tête, coupée en bouquets de 1 pouce
- Huile d'olive extra vierge - 6 c. plus extra pour servir
- Sel et poivre
- Couscous - 1 ½ tasse
- Courgette - 1, coupée en morceaux de ½ pouce
- Poivron rouge - 1, tige, épépiné et coupé en morceaux de ½ pouce
- Ail - 4 gousses, hachées
- Ras el hanout - 2 cuillères à café
- zeste de citron râpé -1 c. plus des tranches de citron pour servir
- Bouillon de poulet - 1 ¾ tasses
- Marjolaine fraîche hachée - 1 c.

Instructions:

Dans une poêle, faites chauffer 2 cuil. huile à feu moyen. Ajouter les choux-fleurs, ¾ c. sel et ½ c. Poivre. Mélanger. Cuire jusqu'à ce que les bouquets soient dorés et que les bords soient juste translucides.

Retirer le couvercle et cuire, en remuant, pendant 10 minutes ou jusqu'à ce que les bouquets soient dorés. Transférer dans un bol et nettoyer la poêle. Faites chauffer 2 c. huile dans la poêle.

Ajouter le couscous. Cuire et continuer à remuer pendant 3 à 5 minutes ou jusqu'à ce que les haricots commencent à dorer. Transférer dans un bol et nettoyer la poêle. Faites chauffer les 3 cuil. à soupe restantes. huiler dans la poêle et ajouter le poivron, la courgette et ½ c. sel. Cuire pendant 8 minutes.

Ajouter le zeste de citron, le ras el hanout et l'ail. Cuire jusqu'à ce qu'il soit parfumé (environ 30 secondes). Mettre le bouillon et faire cuire. Ajouter le couscous. Retirer du feu et réserver jusqu'à ce qu'ils soient tendres.

Ajouter la marjolaine et le chou-fleur; puis remuer délicatement à la fourchette pour incorporer. Arroser d'huile supplémentaire et bien assaisonner. Servir avec des quartiers de citron.

Nutrition (pour 100g): 787 Calories 18,3 g Lipides 129,6 g Glucides 24,5 g Protéines 699 mg Sodium

Riz au four assaisonné de fenouil

Temps de préparation : 10 minutes

temps de cuisson: 45 minutes

Portions : 8

Niveau de difficulté : moyen

Ingrédients:

- Patate douce - 1 ½ livre, pelée et coupée en morceaux de 1 pouce
- Huile d'olive extra vierge - ¼ tasse
- Sel et poivre
- Fenouil - 1 bulbe, finement haché
- Petit oignon - 1, finement haché
- Riz blanc à grain long - 1 ½ tasse, rincé
- Ail - 4 gousses, hachées
- Ras el hanout - 2 cuillères à café
- Bouillon de poulet - 2 ¾ tasses
- Olives vertes dénoyautées saumurées - ¾ tasse, coupées en deux
- Coriandre fraîche hachée - 2 c.
- Tranches de citrons

Instructions:

Placer la grille du four au milieu et préchauffer le four à 400F. Mélanger les pommes de terre avec ½ c. sel et 2 c. huile.

Placer les pommes de terre en une seule couche sur une plaque à pâtisserie à rebords et cuire au four de 25 à 30 minutes ou jusqu'à ce qu'elles soient tendres. Remuer les pommes de terre à mi-cuisson.

Retirer les pommes de terre et baisser la température du four à 350F. Dans un faitout, faire chauffer les 2 c. à soupe restantes. huile à feu moyen.

Ajouter l'oignon et le fenouil; puis cuire de 5 à 7 minutes ou jusqu'à tendreté. Incorporer le ras el hanout, l'ail et le riz. Frire pendant 3 minutes.

Ajouter les olives et le bouillon et laisser reposer 10 minutes. Ajouter les pommes de terre au riz et remuer délicatement à la fourchette pour combiner. Assaisonnez avec du sel et du poivre selon votre goût. Garnir de coriandre et servir avec des quartiers de citron.

Nutrition (pour 100g): 207 Calories 8,9 g Lipides 29,4 g Glucides 3,9 g Protéines 711 mg Sodium

Couscous marocain aux pois chiches

Temps de préparation : 5 minutes

temps de cuisson: 18 minutes

Portions : 6

Niveau de difficulté : moyen

Ingrédients:

- Huile d'olive extra vierge - ¼ tasse, extra pour servir
- Couscous - 1 ½ tasse
- Carottes fines, pelées et hachées - 2
- oignon finement haché - 1
- Sel et poivre
- Ail - 3 gousses, hachées
- Coriandre moulue - 1 c.
- Poudre de gingembre - c.
- Graines d'anis moulues - ¼ c.
- Bouillon de poulet - 1 ¾ tasses
- Pois chiches - 1 boîte (15 onces), rincé
- Pois surgelés - 1 ½ tasse
- Persil frais haché ou coriandre - ½ tasse
- Tranches de citrons

Instructions:

Faites chauffer 2 c. huile dans une poêle à feu moyen. Incorporer le couscous et cuire de 3 à 5 minutes ou jusqu'à ce qu'il commence à dorer. Transférer dans un bol et nettoyer la poêle.

Faites chauffer les 2 cuil. à soupe restantes. huile dans la poêle et ajouter l'oignon, les carottes et 1 c. sel. Cuire 5 à 7 minutes. Ajouter l'anis, le gingembre, la coriandre et l'ail. Cuire jusqu'à ce qu'il soit parfumé (environ 30 secondes).

Mélanger les pois chiches et le bouillon et porter à ébullition. Incorporer le couscous et les pois. Couvrir et retirer du feu. Réserver jusqu'à ce que le couscous soit tendre.

Ajouter le persil au couscous et remuer à la fourchette pour combiner. Arroser d'un peu d'huile supplémentaire et bien assaisonner. Servir avec des quartiers de citron.

Nutrition (pour 100g): 649 Calories 14,2 g Lipides 102,8 g Glucides 30,1 g Protéines 812 mg Sodium

Paella végétarienne aux haricots verts et pois chiches

Temps de préparation : 10 minutes
temps de cuisson: 35 mn
Portions : 4
Niveau de difficulté : facile

Ingrédients:

- pincée de safran
- Bouillon de légumes - 3 tasses
- Huile d'olive - 1 cuillère à soupe.
- Oignon jaune - 1 gros, coupé en dés
- Ail - 4 gousses, tranchées
- Poivron rouge - 1, tranché
- Tomates hachées - ¾ tasse, fraîches ou en conserve
- Pâte de tomate - 2 c.
- Piment fort - 1 ½ c.
- Sel - 1 c.
- Poivre noir fraîchement moulu - ½ c.
- Haricots verts - 1 ½ tasse, tranchés et coupés en deux
- Pois chiches - 1 boîte (15 onces), égouttées et rincées
- Riz blanc à grains courts - 1 tasse
- Citron - 1, tranché

Instructions:

Mélanger les filaments de safran avec 3 c. eau tiède dans un petit bol. Dans une casserole, faire cuire l'eau à feu moyen. Réduire le feu et porter à ébullition.

Faire cuire l'huile dans une poêle à feu moyen. Ajouter l'oignon et faire revenir pendant 5 minutes. Ajouter le poivron et l'ail et faire sauter pendant 7 minutes ou jusqu'à ce que le poivron ramollisse. Ajouter le mélange de curcuma et d'eau, le sel, le poivre, le paprika, la pâte de tomate et les tomates.

Ajouter le riz, les pois chiches et les haricots verts. Ajouter le bouillon chaud et porter à ébullition. Baisser le feu et cuire à découvert pendant 20 minutes.

Servir chaud, garni de tranches de citron.

Nutrition (pour 100g): 709 Calories 12g Lipides 121g Glucides 33g Protéines 633mg Sodium

Crevettes à l'ail avec tomates et basilic

Temps de préparation : 10 minutes

temps de cuisson: 10 minutes

Portions : 4

Niveau de difficulté : facile

Ingrédients:

- Huile d'olive - 2 c.
- Crevettes - 1 ¼ livres, décortiquées et épépinées
- Ail - 3 gousses, hachées
- Flocons de piment rouge - 1/8 c.
- Vin blanc sec - ¾ tasse
- Tomates raisins - 1 ½ tasses
- Basilic frais finement haché - ¼ tasse, et plus pour la garniture
- Sel - ¾ c.
- Poivre noir moulu - ½ c.

Instructions:

Dans une poêle, chauffer l'huile à feu moyen-vif. Ajouter les crevettes et cuire pendant 1 minute ou jusqu'à ce qu'elles soient bien cuites. Transférer dans une assiette.

Placer les flocons de piment rouge et l'ail dans l'huile dans la poêle et cuire, en remuant, pendant 30 secondes. Ajouter le vin et cuire jusqu'à réduction de moitié.

Ajouter les tomates et faire sauter jusqu'à ce que les tomates commencent à se décomposer (environ 3 à 4 minutes). Ajouter les crevettes réservées, le sel, le poivre et le basilic. Cuire encore 1 à 2 minutes.

Servir garni du reste de basilic.

Nutrition (pour 100g): 282 Calories 10g Lipides 7g Glucides 33g Protéines 593mg Sodium

paëlla aux crevettes

Temps de préparation : 10 minutes

temps de cuisson: 25 minutes

Portions : 4

Niveau de difficulté : moyen

Ingrédients:

- Huile d'olive - 2 c.
- Oignon moyen - 1, coupé en dés
- Poivron rouge - 1, tranché
- Ail - 3 gousses, hachées
- pincée de safran
- Piment fort - ¼ c.
- Sel - 1 c.
- Poivre noir fraîchement moulu - ½ c.
- Bouillon de poulet - 3 tasses, divisé
- Riz blanc à grains courts - 1 tasse
- Grosses crevettes, décortiquées et grattées - 1 livre
- Pois surgelés - 1 tasse, décongelés

Instructions:

Faire chauffer l'huile dans une poêle. Ajouter l'oignon et le poivron et faire revenir pendant 6 minutes ou jusqu'à ce qu'ils soient tendres. Ajouter le sel, le poivre, le paprika, le curcuma et l'ail et mélanger. Incorporer 2 ½ tasses de bouillon et le riz.

Porter le mélange à ébullition et cuire jusqu'à ce que le riz soit bien cuit, environ 12 minutes. Placer les crevettes et les pois sur le riz et ajouter la ½ tasse de bouillon restante.

Couvrir la poêle et cuire jusqu'à ce que toutes les crevettes soient bien cuites (environ 5 minutes). Servir.

Nutrition (pour 100g):409 Calories 10g Lipides 51g Glucides 25g Protéines 693mg Sodium

Salade de lentilles aux olives, menthe et feta

Temps de préparation : 60 minutes
temps de cuisson: 60 minutes
Portions : 6
Niveau de difficulté : moyen

Ingrédients:

- Sel et poivre
- Lentilles françaises - 1 tasse, triées et rincées
- Ail - 5 gousses, légèrement écrasées et pelées
- Feuille de laurier - 1
- Huile d'olive extra vierge - 5 c.
- Vinaigre de vin blanc - 3 c.
- Olives Kalamata dénoyautées - ½ tasse, hachées
- Menthe fraîche hachée - ½ tasse
- Échalote - 1 grosse, hachée
- Fromage feta - 1 once, émietté

Instructions:

Ajouter 4 tasses d'eau tiède et 1 c. sel dans un bol. Ajouter les lentilles et laisser tremper à température ambiante pendant 1 heure. Sèche bien.

Placer la grille du four au milieu et chauffer le four à 325F. Mélanger les lentilles, 4 tasses d'eau, l'ail, le laurier et ½ c. sel dans une casserole. Couvrir et placer la casserole dans le four et cuire de 40 à 60 minutes ou jusqu'à ce que les lentilles soient tendres.

Bien égoutter les lentilles, jeter l'ail et le laurier. Dans un grand bol, mélanger l'huile et le vinaigre. Ajouter les échalotes, la menthe, les olives et les lentilles et bien mélanger.

Assaisonnez avec du sel et du poivre selon votre goût. Bien placer sur le plateau et garnir de fromage feta. Servir.

Nutrition (pour 100g): 249 Calories 14,3 g Lipides 22,1 g Glucides 9,5 g Protéines 885 mg Sodium

Pois chiches à l'ail et au persil

Temps de préparation : 5 minutes

temps de cuisson: 20 minutes

Portions : 6

Niveau de difficulté : moyen

Ingrédients:

- Huile d'olive extra vierge - ¼ tasse
- Ail - 4 gousses, tranchées finement
- Flocons de piment rouge - 1/8 c.
- Oignon - 1, haché
- Sel et poivre
- Pois chiches - 2 boîtes (15 onces), rincées
- Bouillon de poulet - 1 tasse
- persil frais haché - 2 c.
- Jus de citron - 2 c.

Instructions:

Dans une poêle, ajouter 3 cuil. l'huile d'olive et faites cuire l'ail et les flocons de piment pendant 3 minutes. Incorporer l'oignon et ¼ c. saler et cuire 5 à 7 minutes.

Incorporer les pois chiches et le bouillon et porter à ébullition. Baisser le feu et cuire à feu doux pendant 7 minutes, à couvert.

Découvrir et régler le feu à élevé et cuire pendant 3 minutes ou jusqu'à ce que tout le liquide se soit évaporé. Réserver et incorporer le jus de citron et le persil.

Assaisonnez avec du sel et du poivre selon votre goût. Arroser avec 1 c. l'huile d'olive et servir.

Nutrition (pour 100g): 611 Calories 17,6 g Lipides 89,5 g Glucides 28,7 g Protéines 789 mg Sodium

Ragoût de pois chiches aux aubergines et tomates

Temps de préparation : 10 minutes
temps de cuisson: 60 minutes
Portions : 6
Niveau de difficulté : facile

Ingrédients:

- Huile d'olive extra vierge - ¼ tasse
- Oignons - 2, hachés
- Poivron vert - 1, haché finement
- Sel et poivre
- Ail - 3 gousses, hachées
- origan frais haché - 1 c.
- Feuilles de laurier - 2
- Aubergine - 1 livre, coupée en morceaux de 1 pouce
- Tomates entières pelées - 1 boîte, égouttées avec le jus réservé, hachées
- Pois chiches - 2 boîtes (15 onces), égouttées avec 1 tasse de liquide réservé

Instructions:

Placer la grille du four en bas au centre et chauffer le four à 400 F. Faire chauffer l'huile dans le four hollandais. Ajouter le poivron, l'oignon et ½ c. sel et ¼ c. Poivre. Frire pendant 5 minutes.

Ajouter 1 c. l'origan, l'ail et les feuilles de laurier et cuire 30 secondes. Ajouter les tomates, les aubergines, le jus réservé, les pois chiches et le liquide réservé et porter à ébullition. Transférer la casserole au four et cuire, à découvert, pendant 45 à 60 minutes. Mélanger deux fois.

Jeter les feuilles de laurier. Incorporer les 2 c. à thé restantes. origan et assaisonner avec du sel et du poivre. Servir.

Nutrition (pour 100g): 642 Calories 17,3 g Lipides 93,8 g Glucides 29,3 g Protéines 983 mg Sodium

Riz grec au citron

Temps de préparation : 20 minutes
temps de cuisson: 45 minutes
Portions : 6
Niveau de difficulté : moyen

Ingrédients:

- Riz à grain long - 2 tasses, non cuit (trempé dans de l'eau froide pendant 20 minutes, puis égoutté)
- Huile d'olive extra vierge - 3 c.
- Oignon jaune - 1 moyen, haché
- Ail - 1 gousse, hachée
- Pâtes Orzo - ½ tasse
- Jus de 2 citrons, plus le zeste de 1 citron
- Bouillon faible en sodium - 2 tasses
- pincée de sel
- Persil haché - 1 grosse poignée
- Aneth - 1 c.

Instructions:

Dans une casserole, faites chauffer 3 cuil. Huile d'olive vierge extra. Ajouter l'oignon et faire revenir 3 à 4 minutes. Ajouter les pâtes orzo et l'ail et remuer pour combiner.

Incorporer ensuite le riz pour l'enrober. Ajouter le bouillon et le jus de citron. Laissez bouillir et baissez le feu. Couvrir et cuire environ 20 minutes.

Retirer du feu. Couvrir et laisser reposer 10 minutes. Découvrir et incorporer le zeste de citron, l'aneth et le persil. Servir.

Nutrition (pour 100g): 145 Calories 6,9 g Lipides 18,3 g Glucides 3,3 g Protéines 893 mg Sodium

Riz à l'ail et aux herbes

Temps de préparation : 10 minutes

temps de cuisson: 30 minutes

Portions : 4

Niveau de difficulté : facile

Ingrédients:

- Huile d'olive extra vierge - ½ tasse, divisée
- Grosses gousses d'ail - 5, hachées
- Riz brun au jasmin - 2 tasses
- Eau - 4 tasses
- Sel de mer - 1 c.
- Poivre noir - 1 c.
- Ciboulette fraîche hachée - 3 c.
- persil frais haché - 2 c.
- Basilic frais haché - 1 c.

Instructions:

Dans une casserole, ajouter ¼ de tasse d'huile d'olive, l'ail et le riz. Remuer et chauffer à feu moyen. Ajouter l'eau, le sel marin et le poivre noir. Puis mélanger à nouveau.

Laissez bouillir et baissez le feu. Laisser mijoter, à découvert, en remuant de temps en temps.

Lorsque l'eau est presque absorbée, mélanger le ¼ de tasse d'huile d'olive restante avec le basilic, le persil et la ciboulette.

Remuer jusqu'à ce que les herbes soient incorporées et que toute l'eau soit absorbée.

Nutrition (pour 100g): 304 calories 25,8 g de matières grasses 19,3 g de glucides 2 g de protéines 874 mg de sodium

Salade de riz méditerranéenne

Temps de préparation : 10 minutes
temps de cuisson: 25 minutes
Portions : 4
Niveau de difficulté : moyen

Ingrédients:

- Huile d'olive extra vierge - ½ tasse, divisée
- Riz brun à grains longs - 1 tasse
- Eau - 2 tasses
- Jus de citron frais - ¼ tasse
- Gousse d'ail - 1, hachée
- Romarin frais haché - 1 c.
- Menthe fraîche hachée - 1 c.
- Endives belges - 3, hachées
- Poivron rouge - 1 moyen, haché
- Concombre de serre - 1, haché
- Oignon vert entier haché - ½ tasse
- Olives Kalamata hachées - ½ tasse
- Flocons de piment rouge - ¼ c.
- Fromage feta émietté - ¾ tasse
- Sel de mer et poivre noir

Instructions:

Faites chauffer ¼ tasse d'huile d'olive, le riz et une pincée de sel dans une poêle à feu doux. Remuer pour enrober le riz. Ajouter l'eau et faire bouillir jusqu'à ce que l'eau soit absorbée. Remuer de temps en temps. Verser le riz dans un grand bol et laisser refroidir.

Dans un autre bol, mélanger le ¼ de tasse d'huile d'olive restante, les flocons de piment rouge, les olives, les oignons verts, le concombre, le paprika, l'endive, la menthe, le romarin, l'ail et le jus de citron.

Mettre le riz dans le mélange et bien mélanger. Incorporer délicatement le fromage feta.

Goûter et rectifier l'assaisonnement. Servir.

Nutrition (pour 100g): 415 Calories 34g Lipides 28.3g Glucides 7g Protéines 4755mg Sodium

Salade de haricots frais et de thon

Temps de préparation : 5 minutes

temps de cuisson: 20 minutes

Portions : 6

Niveau de difficulté : facile

Ingrédients:

- Haricots frais en coque (sans coque) - 2 tasses
- Feuilles de laurier - 2
- Huile d'olive extra vierge - 3 c.
- Vinaigre de vin rouge - 1 c.
- sel et poivre noir
- Thon de la meilleure qualité - 1 boîte (6 onces), emballée dans de l'huile d'olive
- Câpres salées - 1 c. détrempé et sec
- persil plat finement haché - 2 c.
- Oignon rouge - 1, tranché

Instructions:

Faire bouillir de l'eau légèrement salée dans une casserole. Ajouter les haricots et les feuilles de laurier; puis cuire de 15 à 20 minutes ou jusqu'à ce que les haricots soient tendres mais encore fermes. Égoutter, jeter les aromates et transférer dans un bol.

Assaisonnez immédiatement les haricots avec du vinaigre et de l'huile. Ajouter le sel et le poivre noir. Bien mélanger et rectifier les assaisonnements. Égouttez le thon et étalez la pulpe de thon sur la salade de haricots. Ajouter le persil et les câpres. Mélanger et répartir les tranches d'oignon rouge sur le dessus. Servir.

Nutrition (pour 100g): 85 Calories 7,1 g Lipides 4,7 g Glucides 1,8 g Protéines 863 mg Sodium

Délicieuses nouilles au poulet

Temps de préparation : 10 minutes

temps de cuisson: 17 minutes

Portions : 4

Niveau de difficulté : facile

Ingrédients:

- 3 poitrines de poulet désossées et sans peau, coupées en morceaux
- 9 onces de pâtes de grains entiers
- 1/2 tasse d'olives, tranchées
- 1/2 tasse de tomates séchées au soleil
- 1 cuillère à soupe de poivron rouge rôti, émincé
- 14 onces de tomates en dés
- 2 tasses de sauce marinara
- 1 tasse de bouillon de poulet
- Poivre
- sel

Instructions:

Combinez tous les ingrédients, sauf les pâtes de grains entiers, dans Instant Pot.

Fermez le couvercle et faites cuire à feu vif pendant 12 minutes.

Une fois cela fait, laissez la pression se relâcher naturellement. Retirez le capuchon.

Ajouter les macaronis et bien mélanger. Refermez le pot et sélectionnez manuel et réglez la minuterie sur 5 minutes.

Lorsque vous avez terminé, relâchez la pression pendant 5 minutes, puis relâchez le reste à l'aide de la libération rapide. Retirez le capuchon. Bien remuer et servir.

Nutrition (pour 100g): 615 Calories 15,4 g Lipides 71 g Glucides 48 g Protéines 631 mg Sodium

Bol de riz Taco saveurs

Temps de préparation : 10 minutes

temps de cuisson: 14 minutes

Portions : 8

Niveau de difficulté : moyen

Ingrédients:

- 1 kilo de boeuf haché
- 8 onces de fromage cheddar râpé
- 14 onces de haricots rouges
- 2 onces d'assaisonnement pour tacos
- 16 onces de sauce
- 2 tasses d'eau
- 2 tasses de riz brun
- Poivre
- sel

Instructions:

Réglez le pot instantané sur le mode sauté.

Ajouter la viande dans la poêle et faire revenir jusqu'à ce qu'elle soit dorée.

Ajouter l'eau, les haricots, le riz, l'assaisonnement pour tacos, le poivre et le sel et bien mélanger.

Couvrir de sauce. Fermez le couvercle et faites cuire à feu vif pendant 14 minutes.

Une fois cela fait, relâchez la pression à l'aide de la libération rapide. Retirez le capuchon.

Incorporer le fromage cheddar et remuer jusqu'à ce que le fromage soit fondu.

Servir et déguster.

Nutrition (pour 100g): 464 Calories 15,3 g Lipides 48,9 g Glucides 32,2 g Protéines 612 mg Sodium

Mac et fromage savoureux

Temps de préparation : 10 minutes
temps de cuisson: 10 minutes
Portions : 6
Niveau de difficulté : facile

Ingrédients:

- 16 onces de pâtes coudées de blé entier
- 4 tasses d'eau
- 1 tasse de tomates en boîte, hachées
- 1 cuillère à café d'ail haché
- 2 cuillères à soupe d'huile d'olive
- 1/4 tasse d'oignon vert haché
- 1/2 tasse de parmesan râpé
- 1/2 tasse de fromage mozzarella, râpé
- 1 tasse de fromage cheddar râpé
- 1/4 tasse de passata
- 1 tasse de lait d'amande non sucré
- 1 tasse d'artichauts marinés, coupés en dés
- 1/2 tasse de tomates séchées au soleil, tranchées
- 1/2 tasse d'olives, tranchées
- 1 cuillère à café de sel

Instructions:

Ajouter les pâtes, l'eau, les tomates, l'ail, l'huile et le sel dans l'Instant Pot et bien mélanger. Couvrez le couvercle et faites cuire à feu vif.

Une fois cela fait, relâchez la pression pendant quelques minutes, puis relâchez le reste à l'aide d'une chasse d'eau rapide. Retirez le capuchon.

Mettez la poêle en mode sauté. Ajouter l'oignon vert, le parmesan, la mozzarella, le cheddar, la passata, le lait d'amande, l'artichaut, les tomates séchées et l'olive. Bien mélanger.

Bien mélanger et cuire jusqu'à ce que le fromage fonde.

Servir et déguster.

Nutrition (pour 100g): 519 Calories 17,1 g Lipides 66,5 g Glucides 25 g Protéines 588 mg Sodium

Riz au concombre et aux olives

Temps de préparation : 10 minutes

temps de cuisson: 10 minutes

Portions : 8

Niveau de difficulté : moyen

Ingrédients:

- 2 tasses de riz, rincé
- 1/2 tasse d'olives dénoyautées
- 1 tasse de concombre haché
- 1 cuillère à soupe de vinaigre de vin rouge
- 1 cuillère à café de zeste de citron, râpé
- 1 cuillère à soupe de jus de citron frais
- 2 cuillères à soupe d'huile d'olive
- 2 tasses de bouillon de légumes
- 1/2 cuillère à café d'origan séché
- 1 poivron rouge haché
- 1/2 tasse d'oignon haché
- 1 cuillère à soupe d'huile d'olive
- Poivre
- sel

Instructions:

Ajoutez de l'huile dans le pot intérieur de l'Instant Pot et réglez le pot en mode sauté. Ajouter l'oignon et faire revenir 3 minutes. Ajouter le poivron et l'origan et faire revenir 1 minute.

Ajouter le riz et le bouillon et bien mélanger. Fermez le couvercle et faites cuire à feu vif pendant 6 minutes. Une fois cela fait, laissez la pression se relâcher pendant 10 minutes, puis relâchez le reste à l'aide de la libération rapide. Retirez le capuchon.

Ajouter le reste des ingrédients et bien remuer pour mélanger. Servir aussitôt et déguster.

Nutrition (pour 100g): 229 Calories 5,1 g Lipides 40,2 g Glucides 4,9 g Protéines 210 mg Sodium

Saveurs de risotto aux herbes

Temps de préparation : 10 minutes
temps de cuisson: 15 minutes
Portions : 4
Niveau de difficulté : moyen

Ingrédients:

- 2 tasses de riz
- 2 cuillères à soupe de parmesan râpé
- 3,5 onces de crème sure
- 1 cuillère à soupe d'origan frais, haché
- 1 cuillère à soupe de basilic frais, haché
- 1/2 cuillère à soupe de sauge, hachée
- 1 oignon haché
- 2 cuillères à soupe d'huile d'olive
- 1 cuillère à café d'ail haché
- 4 tasses de bouillon de légumes
- Poivre
- sel

Instructions:

Ajoutez l'huile dans le pot intérieur de l'Instant Pot et cliquez sur le pot en mode sauté. Ajoutez l'ail et l'oignon dans le pot intérieur de l'Instant Pot et appuyez sur la casserole pour faire sauter. Ajouter l'ail et l'oignon et faire sauter pendant 2-3 minutes.

Ajouter le reste des ingrédients sauf le parmesan et la crème et bien mélanger. Fermez le couvercle et faites cuire à feu vif pendant 12 minutes.

Une fois cela fait, relâchez la pression pendant 10 minutes, puis relâchez le reste à l'aide de la libération rapide. Retirez le capuchon. Incorporer la crème et le fromage et servir.

Nutrition (pour 100g): 514 Calories 17,6 g Lipides 79,4 g Glucides 8,8 g Protéines 488 mg Sodium

délicieuses pâtes de printemps

Temps de préparation : 10 minutes
temps de cuisson: 4 minutes
Portions : 4
Niveau de difficulté : facile

Ingrédients:

- 8 onces de pâtes penne de blé entier
- 1 cuillère à soupe de jus de citron frais
- 2 cuillères à soupe de persil frais, haché
- 1/4 tasse d'amandes effilées
- 1/4 tasse de parmesan râpé
- 14 onces de tomates en dés
- 1/2 tasse de prunes
- 1/2 tasse de courgettes hachées
- 1/2 tasse d'asperges
- 1/2 tasse de carotte hachée
- 1/2 tasse de brocoli haché
- 1 3/4 tasse de bouillon de légumes
- Poivre
- sel

Instructions:

Ajouter le bouillon, les pars, les tomates, les pruneaux, les courgettes, les asperges, les carottes et le brocoli dans l'Instant Pot et bien mélanger. Fermer et cuire à feu vif pendant 4 minutes. Une fois cela fait, relâchez la pression à l'aide de la libération rapide. Retirez le capuchon. Bien mélanger le reste des ingrédients et servir.

Nutrition (pour 100g): 303 Calories 2,6 g Lipides 63,5 g Glucides 12,8 g Protéines 918 mg Sodium

Pâtes aux poivrons grillés

Temps de préparation : 10 minutes

temps de cuisson: 13 minutes

Portions : 6

Niveau de difficulté : moyen

Ingrédients:

- 1 lb de pâtes penne de blé entier
- 1 cuillère à soupe d'assaisonnement italien
- 4 tasses de bouillon de légumes
- 1 cuillère à soupe d'ail haché
- 1/2 oignon haché
- Poivrons rouges rôtis en pot de 14 oz
- 1 tasse de fromage feta, émietté
- 1 cuillère à soupe d'huile d'olive
- Poivre
- sel

Instructions:

Ajouter le poivron grillé dans un mélangeur et mélanger jusqu'à consistance lisse. Ajoutez l'huile dans le pot intérieur de l'Instant Pot et placez le pot en mode sauté. Ajoutez l'ail et l'oignon dans la tasse intérieure de l'Instant Pot et laissez cuire. Ajouter l'ail et l'oignon et faire sauter pendant 2-3 minutes.

Ajouter le poivron grillé et faire revenir 2 minutes.

Ajouter le reste des ingrédients sauf le fromage feta et bien mélanger. Bien sceller et cuire à feu vif pendant 8 minutes. Lorsque vous avez terminé, relâchez la pression naturellement pendant 5 minutes, puis relâchez le reste à l'aide de la libération rapide. Retirez le capuchon. Garnir de fromage feta et servir.

Nutrition (pour 100g): 459 Calories 10,6 g Lipides 68,1 g Glucides 21,3 g Protéines 724 mg Sodium

Fromage Au Basilic Et Tomate Riz

Temps de préparation : 10 minutes

temps de cuisson: 26 minutes

Portions : 8

Niveau de difficulté : moyen

Ingrédients:

- 1 1/2 tasse de riz brun
- 1 tasse de parmesan râpé
- 1/4 tasse de basilic frais haché
- 2 tasses de tomates raisins, coupées en deux
- 8 onces de sauce tomate
- 1 3/4 tasse de bouillon de légumes
- 1 cuillère à soupe d'ail haché
- 1/2 tasse d'oignon haché
- 1 cuillère à soupe d'huile d'olive
- Poivre
- sel

Instructions:

Ajoutez l'huile dans le bol intérieur de l'Instant Pot et sélectionnez la sauteuse. Placez l'ail et l'oignon dans le pot intérieur de l'Instant Pot et laissez sauter. Mélanger l'ail et l'oignon et faire sauter pendant 4 minutes. Ajouter le riz, la sauce tomate, le bouillon, le poivre et le sel et bien mélanger.

Filmer et cuire à feu vif pendant 22 minutes.

Une fois cela fait, laissez-le relâcher la pression pendant 10 minutes puis relâchez le reste à l'aide de la libération rapide. Retirez le capuchon. Ajouter les ingrédients restants et mélanger. Servir et déguster.

Nutrition (pour 100g): 208 Calories 5,6 g Lipides 32,1 g Glucides 8,3 g Protéines 863 mg Sodium

macaroni au fromage

Temps de préparation : 10 minutes
temps de cuisson: 4 minutes
Portions : 8
Niveau de difficulté : facile

Ingrédients:

- 1 livre de pâtes de grains entiers
- 1/2 tasse de parmesan râpé
- 4 tasses de fromage cheddar râpé
- 1 tasse de lait
- 1/4 cuillère à café d'ail en poudre
- 1/2 cuillère à café de moutarde moulue
- 2 cuillères à soupe d'huile d'olive
- 4 tasses d'eau
- Poivre
- sel

Instructions:

Ajouter les pâtes, la poudre d'ail, la moutarde, l'huile, l'eau, le poivre et le sel à Instant Pot. Bien sceller et cuire à feu vif pendant 4 minutes. Lorsque vous avez terminé, relâchez la pression à l'aide de la libération rapide. Ouvrez le couvercle. Ajouter le reste des ingrédients, bien mélanger et servir.

Nutrition (pour 100g): 509 Calories 25,7 g Lipides 43,8 g Glucides 27,3 g Protéines 766 mg Sodium

pâtes au thon

Temps de préparation : 10 minutes
temps de cuisson: 8 minutes
Portions : 6
Niveau de difficulté : moyen

Ingrédients:

- 10 onces de thon, égoutté
- 15 onces de pâtes rotini de blé entier
- 4 onces de fromage mozzarella, coupé en dés
- 1/2 tasse de parmesan râpé
- 1 cuillère à café de basilic séché
- 14 onces de tomates en boîte
- 4 tasses de bouillon de légumes
- 1 cuillère à soupe d'ail haché
- 8 onces de champignons, tranchés
- 2 courgettes coupées
- 1 oignon haché
- 2 cuillères à soupe d'huile d'olive
- Poivre
- sel

Instructions:

Versez l'huile dans le pot intérieur de l'Instant Pot et appuyez sur le pot pour faire sauter. Ajouter les champignons, les courgettes et l'oignon et faire sauter jusqu'à ce que l'oignon ramollisse. Ajouter l'ail et faire revenir une minute.

Ajouter les pâtes, le basilic, le thon, la tomate et le bouillon et bien mélanger. Filmer et cuire à feu vif pendant 4 minutes. Lorsque vous avez terminé, relâchez la pression pendant 5 minutes, puis relâchez le reste à l'aide de la libération rapide. Retirez le capuchon. Ajouter le reste des ingrédients, bien mélanger et servir.

Nutrition (pour 100g): 346 Calories 11,9 g Lipides 31,3 g Glucides 6,3 g Protéines 830 mg Sodium

Mélange à panini à l'avocat et à la dinde

Temps de préparation : 5 minutes

temps de cuisson: 8 minutes

Portions : 2

Niveau de difficulté : facile

Ingrédients:

- 2 poivrons rouges, grillés et coupés en lanières
- ¼ lb. poitrine de dinde fumée mesquite finement tranchée
- 1 tasse de feuilles d'épinards frais, divisées
- 2 tranches de fromage provolone
- 1 cuillère à soupe d'huile d'olive, divisée
- 2 petits pains ciabatta
- ¼ tasse de mayonnaise
- ½ avocat mûr

Instructions:

Dans un bol, bien écraser la mayonnaise et l'avocat. Préchauffez ensuite le presse-panini.

Coupez les pains en deux et étalez de l'huile d'olive à l'intérieur du pain. Farcir ensuite avec la farce en étalant en couches : provolone, poitrine de dinde, poivrons grillés, feuilles d'épinards et étaler le mélange d'avocat et recouvrir avec l'autre tranche de pain.

Placer le sandwich dans le presse panini et faire griller 5 à 8 minutes jusqu'à ce que le fromage soit fondu et que le pain soit croustillant et croustillant.

Nutrition (pour 100g): 546 Calories 34,8 g Lipides 31,9 g Glucides 27,8 g Protéines 582 mg Sodium

Wrap concombre, poulet et mangue

Temps de préparation : 5 minutes

temps de cuisson: 20 minutes

Portions : 1

Niveau de difficulté : difficile

Ingrédients:

- ½ concombre moyen tranché dans le sens de la longueur
- ½ mangue mûre
- 1 cuillère à soupe de vinaigrette au choix
- 1 tortilla de blé entier
- Tranche de blanc de poulet de 2,5 cm d'épaisseur et d'environ 15 cm de long
- 2 cuillères à soupe d'huile pour la friture
- 2 cuillères à soupe de farine de blé entier
- 2 à 4 feuilles de laitue
- Sel et poivre au goût

Instructions:

Coupez une poitrine de poulet en lanières de 1 pouce et ne faites cuire que des lanières de 6 pouces au total. Ce serait comme deux lanières de poulet. Conservez le poulet restant pour une utilisation future.

Assaisonnez le poulet avec du poivre et du sel. Draguer dans la farine de blé entier.

À feu moyen, placez une petite poêle à frire antiadhésive et faites chauffer l'huile. Lorsque l'huile est chaude, ajouter les lanières de poulet et faire frire jusqu'à ce qu'elles soient dorées environ 5 minutes de chaque côté.

Pendant que le poulet cuit, placez les tortillas au four et faites cuire pendant 3 à 5 minutes. Réservez ensuite et transférez dans une assiette.

Couper le concombre dans le sens de la longueur, n'en utiliser que ½ et conserver le concombre restant. Peler le concombre coupé en quartiers et retirer la peau. Placer les deux tranches de concombre dans l'emballage de la tortilla, à 1 pouce du bord.

Coupez la mangue et conservez l'autre moitié avec les graines. Pelez la mangue dénoyautée, coupez-la en lanières et placez-la sur le concombre dans la pâte à tortilla.

Une fois le poulet cuit, placez le poulet à côté du concombre dans une rangée.

Ajouter la feuille de concombre et arroser de la vinaigrette de votre choix.

Rouler la tortilla, servir et déguster.

Nutrition (pour 100g): 434 Calories 10g Lipides 65g Glucides 21g Protéines 691mg Sodium

Fattoush - Pain du Moyen-Orient

Temps de préparation : 10 minutes

temps de cuisson: 15 minutes

Portions : 6

Niveau de difficulté : difficile

Ingrédients:

- 2 pains pita
- 1 cuillère à soupe d'huile d'olive extra vierge
- 1/2 cuillère à café de sumac, plus pour plus tard
- Sel et poivre
- 1 coeur de laitue romaine
- 1 concombre anglais
- 5 tomates romaines
- 5 oignons verts
- 5 radis
- 2 tasses de feuilles de persil frais hachées
- 1 tasse de feuilles de menthe fraîche hachées
- <u>Ingrédients de la sauce :</u>
- 1 1/2 citron, jus de
- 1/3 tasse d'huile d'olive extra vierge
- Sel et poivre
- 1 cuillère à café de sumac moulu
- 1/4 cuillère à café de cannelle en poudre
- à peine 1/4 cuillère à café de piment de la Jamaïque moulu

Instructions:

Faire griller le pain plat 5 minutes au grille-pain. Et puis cassez le pain plat en morceaux.

Dans une grande casserole à feu moyen, chauffer 3 cuillères à soupe d'huile d'olive pendant 3 minutes. Ajouter le pain plat et faire frire jusqu'à ce qu'il soit doré, environ 4 minutes, en remuant.

Ajouter sel, poivre et 1/2 cuillère à café de sumac. Retirer les frites du feu et les déposer sur du papier absorbant pour les égoutter.

Mélanger intimement la laitue hachée, le concombre, la tomate, la ciboulette, les tranches de radis, les feuilles de menthe et le persil dans un grand saladier.

Pour faire la vinaigrette au citron, fouetter tous les ingrédients ensemble dans un petit bol.

Ajouter la vinaigrette à la salade et bien mélanger. Mélanger le pain pita.

Servir et déguster.

Nutrition (pour 100g): 192 Calories 13,8 g Lipides 16,1 g Glucides 3,9 g Protéines 655 mg Sodium

Focaccia tomates et ail sans gluten

Temps de préparation : 5 minutes

temps de cuisson: 20 minutes

Portions : 8

Niveau de difficulté : difficile

Ingrédients:

- 1 oeuf
- ½ cuillère à café de jus de citron
- 1 cuillère à soupe de miel
- 4 cuillères à soupe d'huile d'olive
- Une pincée de sucre
- 1 ¼ tasse d'eau chaude
- 1 cuillère à soupe de levure sèche active
- 2 cuillères à café de romarin haché
- 2 cuillères à café de thym haché
- 2 cuillères à café de basilic haché
- 2 gousses d'ail hachées
- 1 ¼ cuillère à café de sel de mer
- 2 cuillères à café de gomme xanthane
- ½ tasse de farine de millet
- 1 tasse de fécule de pomme de terre, pas de farine
- 1 tasse de farine de sorgho
- Farine de maïs sans gluten pour saupoudrer

Instructions:

Pendant 5 minutes, allumez le four puis éteignez-le en gardant la porte du four fermée.

Mélanger de l'eau tiède et une pincée de sucre. Ajouter la levure et remuer doucement. Laisser reposer 7 minutes.

Dans un grand bol, mélanger les herbes, l'ail, le sel, la gomme de xanthane, l'amidon et les farines. Une fois la levure terminée, versez-la dans un bol de farine. Ajouter l'oeuf, le jus de citron, le miel et l'huile d'olive.

Bien mélanger et déposer dans un plat carré allant au four bien graissé et saupoudré de semoule de maïs. Garnir d'ail frais, de plus d'herbes et de tranches de tomates. Placer dans un four chaud et laisser lever une demi-heure.

Allumez le four à 375oF et après le temps de préchauffage pendant 20 minutes. La focaccia est cuite une fois que les dessus sont légèrement dorés. Retirer du four et de la casserole immédiatement et laisser refroidir. Meilleur servi chaud.

Nutrition (pour 100g): 251 Calories 9 g Lipides 38,4 g Glucides 5,4 g Protéines 366 mg Sodium

Hamburgers grillés aux champignons

Temps de préparation : 15 minutes

temps de cuisson: 10 minutes

Portions : 4

Niveau de difficulté : moyen

Ingrédients:

- 2 laitues iceberg, coupées en deux
- 4 tranches d'oignon rouge
- 4 tranches de tomate
- 4 pains de blé entier, grillés
- 2 cuillères à soupe d'huile d'olive
- ¼ cuillère à café de poivre de Cayenne, facultatif
- 1 gousse d'ail hachée
- 1 cuillère à soupe de sucre
- ½ tasse d'eau
- 1/3 tasse de vinaigre balsamique
- 4 gros chapeaux de champignons Portobello d'environ 5 pouces de diamètre

Instructions:

Retirez les pieds des champignons et essuyez-les avec un chiffon humide. Transférer sur une plaque à pâtisserie côté branchies vers le haut.

Dans un bol, mélanger l'huile d'olive, le piment de Cayenne, l'ail, le sucre, l'eau et le vinaigre. Verser sur les champignons et faire mariner les champignons dans le ref pendant au moins une heure.

Lorsque l'heure est presque écoulée, préchauffez le gril à feu moyen-élevé et graissez le gril.

Griller les champignons pendant cinq minutes de chaque côté ou jusqu'à ce qu'ils soient tendres. Arrosez les champignons avec la marinade pour qu'ils ne se dessèchent pas.

Pour assembler, placez la ½ du pain sucré dans une assiette, recouvrez d'une tranche d'oignon, de champignon, de tomate et d'une feuille de laitue. Couvrir avec l'autre moitié supérieure du pain. Répétez l'opération avec le reste des ingrédients, servez et dégustez.

Nutrition (pour 100g): 244 Calories 9,3 g Lipides 32 g Glucides 8,1 g Protéines 693 mg Sodium

Baba Ghanousch méditerranéen

Temps de préparation : 10 minutes

temps de cuisson: 25 minutes

Portions : 4

Niveau de difficulté : moyen

Ingrédients:

- 1 bulbe d'ail
- 1 poivron rouge, coupé en deux et épépiné
- 1 cuillère à soupe de basilic frais haché
- 1 cuillère à soupe d'huile d'olive
- 1 cuillère à café de poivre noir
- 2 aubergines, coupées dans le sens de la longueur
- 2 tranches de pain plat ou pita
- 1 jus de citron

Instructions:

Badigeonner la grille du gril avec un aérosol de cuisson et préchauffer le gril à feu moyen-vif.

Coupez les extrémités de l'ail et enveloppez-le dans du papier d'aluminium. Placer sur la partie la plus froide du gril et cuire au moins 20 minutes. Placer les tranches de poivron et d'aubergine sur la partie la plus chaude du gril. Griller des deux côtés.

Une fois les bulbes cuits, épluchez l'ail rôti et placez l'ail épluché dans un robot culinaire. Ajouter l'huile d'olive, le poivre, le basilic, le jus de citron, le poivron rouge grillé et l'aubergine grillée. Faire une purée et la verser dans un bol.

Faites griller le pain au moins 30 secondes de chaque côté pour le réchauffer. Servir le pain avec la sauce purée et déguster.

Nutrition (pour 100g): 231,6 Calories 4,8 g Lipides 36,3 g Glucides 6,3 g Protéines 593 mg Sodium

Petits pains multigrains et sans gluten

Temps de préparation : 10 minutes

temps de cuisson: 20 minutes

Portions : 8

Niveau de difficulté : moyen

Ingrédients:

- ½ cuillère à café de vinaigre de cidre de pomme
- 3 cuillères à soupe d'huile d'olive
- 2 oeufs
- 1 cuillère à café de levure
- 1 cuillère à café de sel
- 2 cuillères à café de gomme xanthane
- ½ tasse de fécule de tapioca
- ¼ tasse de farine de teff brune
- ¼ tasse de farine de lin
- ¼ tasse de farine d'amarante
- ¼ tasse de farine de sorgho
- ¾ tasse de farine de riz brun

Instructions:

Bien mélanger l'eau et le miel dans un petit bol et ajouter la levure. Laisser agir exactement 10 minutes.

Mélanger les éléments suivants avec un mélangeur : levure chimique, sel, gomme de xanthane, farine de lin, farine de sorgho, farine de teff, amidon de tapioca, farine d'amarante et farine de riz brun.

Dans un bol moyen, fouetter ensemble le vinaigre, l'huile et les œufs.

Dans un bol d'ingrédients secs versez le mélange de vinaigre et de levure et mélangez bien.

Graisser un moule à 12 muffins avec un aérosol de cuisson. Transférer la pâte uniformément dans 12 moules à muffins et laisser lever pendant une heure.

Préchauffez ensuite le four à 375oF et faites cuire les rouleaux jusqu'à ce que le dessus soit doré, environ 20 minutes.

Retirer immédiatement les pains du four et les moules à muffins et laisser refroidir.

Meilleur servi chaud.

Nutrition (pour 100g): 207 Calories 8,3 g Lipides 27,8 g Glucides 4,6 g Protéines 844 mg Sodium

Linguine aux fruits de mer

Temps de préparation : 10 minutes

temps de cuisson: 35 mn

Portions : 2

Niveau de difficulté : difficile

Ingrédients:

- 2 gousses d'ail hachées
- 4 onces de linguine, blé entier
- 1 cuillère à soupe d'huile d'olive
- 14 oz de tomates, en conserve et coupées en dés
- 1/2 cuillère à soupe d'échalote, hachée
- 1/4 tasse de vin blanc
- Sel de mer et poivre noir au goût
- 6 palourdes cerises, nettoyées
- 4 onces de tilapia, coupé en lanières de 1 pouce
- 4 onces de pétoncles séchés
- 1/8 tasse de parmesan, râpé
- 1/2 cuillère à café de marjolaine, hachée et fraîche

Instructions:

Portez l'eau à ébullition dans la casserole et faites cuire les pâtes jusqu'à ce qu'elles soient tendres, ce qui devrait prendre environ huit minutes. Égouttez et rincez les pâtes.

Chauffer l'huile à l'aide d'une grande poêle à feu moyen et lorsque l'huile est chaude, incorporer l'ail et les échalotes. Cuire une minute et remuer fréquemment.

Augmentez le feu à moyen-élevé avant d'ajouter le sel, le vin, le poivre et les tomates, en portant à ébullition. Cuire encore une minute.

Ajouter ensuite les palourdes, couvrir et cuire encore deux minutes.

Incorporer ensuite la marjolaine, les pétoncles et le poisson. Poursuivre la cuisson jusqu'à ce que le poisson soit entièrement cuit et que vos palourdes soient ouvertes. Cela prendra jusqu'à cinq minutes et se débarrassera des palourdes qui ne s'ouvriront pas.

Répartir la sauce et les palourdes sur les pâtes, saupoudrer de parmesan et de marjolaine avant de servir. Servez-le chaud.

Nutrition (pour 100g):329 calories 12 g de matières grasses 10 g de glucides 33 g de protéines 836 mg de sodium

Crevettes au gingembre et relish de tomates

Temps de préparation : 10 minutes

temps de cuisson: 15 minutes

Portions : 2

Niveau de difficulté : difficile

Ingrédients:

- 1 1/2 cuillères à soupe d'huile végétale
- 1 gousse d'ail hachée
- 10 crevettes, extra-larges, décortiquées et queues restantes
- 3/4 cuillères à soupe de doigt, râpé et pelé
- 1 tomate verte, coupée en deux
- 2 tomates italiennes coupées en deux
- 1 cuillère à soupe de jus de citron, frais
- 1/2 cuillère à café de sucre
- 1/2 cuillère à soupe de graines de jalapeño, fraîches et hachées
- 1/2 cuillère à soupe de basilic, frais et haché
- 1/2 cuillères à soupe de coriandre, hachée et fraîche
- 10 brochettes
- Sel de mer et poivre noir au goût

Instructions:

Faites tremper vos brochettes dans une casserole d'eau pendant au moins une demi-heure.

Mélangez l'ail et le gingembre dans un bol, transférez la moitié dans un bol plus grand et mélangez avec deux cuillères à soupe de votre huile. Ajouter les crevettes et s'assurer qu'elles sont bien enrobées.

Couvrir et transférer au réfrigérateur pendant au moins une demi-heure, puis laisser refroidir.

Bien chauffer le gril et graisser légèrement les grilles avec de l'huile. Prenez un bol et mélangez la prune et les tomates vertes avec la cuillère à soupe d'huile d'olive restante, assaisonnez de sel et de poivre.

Faites griller les tomates côté coupé vers le haut et les peaux doivent être carbonisées. La pulpe de tomate doit être molle, ce qui prendra environ quatre à six minutes pour la tomate italienne et environ dix minutes pour la verte.

Retirez la peau lorsque les tomates sont suffisamment froides pour être manipulées, puis jetez les graines. Hacher finement la pulpe de tomate en l'ajoutant au gingembre et à l'ail réservés. Ajouter le sucre, le jalapeño, le jus de lime et le basilic.

Assaisonnez les crevettes avec du sel et du poivre, enfilez-les sur des brochettes et faites-les griller jusqu'à ce qu'elles soient opaques, environ deux minutes de chaque côté. Déposez les crevettes sur un plat avec votre assaisonnement et dégustez.

Nutrition (pour 100g): 391 calories 13 g de matières grasses 11 g de glucides 34 g de protéines 693 mg de sodium

Crevettes et Pâtes

Temps de préparation : 10 minutes
temps de cuisson: 10 minutes
Portions : 2
Niveau de difficulté : moyen

Ingrédients:

- 2 tasses de pâtes cheveux d'ange, cuites
- 1/2 lb. crevettes moyennes, décortiquées
- 1 gousse d'ail hachée
- 1 tasse de tomates hachées
- 1 cuillère à café d'huile d'olive
- 1/6 tasse d'olives Kalamata, dénoyautées et hachées
- 1/8 tasse de basilic, frais et finement tranché
- 1 cuillère à soupe de câpres, égouttées
- 1/8 tasse de fromage feta émietté
- trait de poivre noir

Instructions:

Faites cuire vos pâtes selon les instructions sur l'emballage, puis faites chauffer l'huile dans une poêle à feu moyen-vif. Cuire l'ail pendant une demi-minute et ajouter les crevettes. Faire revenir une minute de plus.

Ajouter le basilic et les tomates, puis réduire le feu pour laisser cuire pendant trois minutes. Votre tomate doit être tendre.

Ajouter les olives et les câpres. Ajoutez une pincée de poivre noir et mélangez votre mélange de crevettes et de nouilles pour servir. Garnir de fromage avant de servir chaud.

Nutrition (pour 100g): 357 calories 11 g de matières grasses 9 g de glucides 30 g de protéines 871 mg de sodium

cabillaud poché

Temps de préparation : 10 minutes
temps de cuisson: 25 minutes
Portions : 2
Niveau de difficulté : moyen

Ingrédients:

- 2 filets de cabillaud, 6 onces
- Sel de mer et poivre noir au goût
- 1/4 tasse de vin blanc sec
- 1/4 tasse de bouillon de fruits de mer
- 2 gousses d'ail hachées
- 1 feuille de laurier
- 1/2 cuillère à café de sauge fraîche et hachée
- 2 brins de romarin pour décorer

Instructions:

Commencez par tourner le four à 375, puis assaisonnez les filets avec du sel et du poivre. Placez-les dans une rôtissoire et ajoutez le bouillon, l'ail, le vin, la sauge et le laurier. Couvrir hermétiquement et cuire une vingtaine de minutes. Votre poisson doit être floconneux lorsqu'il est testé avec une fourchette.

À l'aide d'une spatule, prélevez chaque filet, placez le liquide sur feu vif et laissez réduire de moitié. Cela devrait prendre dix minutes et vous devrez remuer fréquemment. Servir trempé dans le liquide bouillant et garni d'un brin de romarin.

Nutrition (pour 100g): 361 calories 10 g de matières grasses 9 g de glucides 34 g de protéines 783 mg de sodium

Moules au vin blanc

Temps de préparation : 5 minutes
temps de cuisson: 10 minutes
Portions : 2
Niveau de difficulté : difficile

Ingrédients:

- 2 livres de moules vivantes fraîches
- 1 tasse de vin blanc sec
- 1/4 cuillère à café de sel de mer, fin
- 3 gousses d'ail hachées
- 2 cuillères à café d'échalotes, hachées
- 1/4 tasse de persil, frais et haché, divisé
- 2 cuillères à soupe d'huile d'olive
- 1/4 citron, jus

Instructions:

Prenez un tamis et frottez les moules en les rinçant sous l'eau froide. Jetez les moules qui ne se referment pas si elles sont pilées, puis utilisez un couteau pour enlever la barbe de chacune.

Retirez le chaudron, placez-le sur feu moyen-vif et ajoutez l'ail, les échalotes, le vin et le persil. Porter à ébullition. A ébullition, ajouter les moules et couvrir. Laissez cuire pendant cinq à sept minutes. Assurez-vous qu'ils ne cuisent pas trop.

Utilisez une écumoire pour les retirer et ajoutez le jus de citron et l'huile d'olive dans la poêle. Bien mélanger et verser le bouillon sur les moules avant de servir avec du persil.

Nutrition (pour 100g): 345 calories 9 g de matières grasses 18 g de glucides 37 g de protéines 693 mg de sodium

saumon à l'aneth

Temps de préparation : 10 minutes
temps de cuisson: 15 minutes
Portions : 2
Niveau de difficulté : moyen

Ingrédients:

- 2 filets de saumon de 6 onces chacun
- 1 cuillère à soupe d'huile d'olive
- 1/2 mandarine, jus
- 2 cuillères à café de zeste d'orange
- 2 cuillères à soupe d'aneth, frais et haché
- Sel de mer et poivre noir au goût

Instructions:

Réglez le four à 375 degrés, puis décollez deux morceaux de papier d'aluminium de dix pouces. Frottez vos filets d'huile d'olive des deux côtés avant de les assaisonner de sel et de poivre, en plaçant chaque filet sur un morceau de papier d'aluminium.

Verser le jus d'orange sur chacun et garnir de zeste d'orange et d'aneth. Pliez le paquet fermé, en vous assurant qu'il y a deux pouces d'espace d'air à l'intérieur du papier d'aluminium pour que le poisson puisse cuire, et placez-les sur une plaque à pâtisserie.

Cuire au four pendant quinze minutes avant d'ouvrir les paquets et de les transférer dans deux assiettes de service. Verser la sauce sur chacun avant de servir.

Nutrition (pour 100g): 366 calories 14 g de matières grasses 9 g de glucides 36 g de protéines 689 mg de sodium

saumon plat

Temps de préparation : 8 minutes
temps de cuisson: 8 minutes
Portions : 2
Niveau de difficulté : facile

Ingrédients:

- Saumon, filet 180 grammes
- Citron, 2 tranches
- Câpres, 1 cuillère à soupe
- Sel de mer et poivre, 1/8 c.
- Huile d'olive extra vierge, 1 cuillère à soupe

Instructions:

Placer une poêle propre à feu moyen pour cuire pendant 3 minutes. Mettre l'huile d'olive dans une assiette et recouvrir complètement le saumon. Cuire le saumon à feu vif dans la poêle.

Couvrir le saumon avec le reste des ingrédients et retourner pour cuire de chaque côté. Remarquez quand les deux côtés sont bruns. Cela peut prendre 3 à 5 minutes pour chaque côté. Assurez-vous que le saumon est cuit en le testant avec une fourchette.

Servir avec des quartiers de citron.

Nutrition (pour 100g): 371 Calories 25,1 g Lipides 0,9 g Glucides 33,7 g Protéines 782 mg Sodium

mélodie de thon

Temps de préparation : 20 minutes

temps de cuisson: 20 minutes

Portions : 2

Niveau de difficulté : facile

Ingrédients:

- Thon, 12 onces
- Oignon vert, 1 pour la garniture
- Poivron, ¼, haché
- Vinaigre, 1 trait
- Sel et poivre au goût
- Avocats, 1, coupé en deux et dénoyauté
- Yaourt grec, 2 cuillères à soupe

Instructions:

Dans un bol, mélanger le thon avec le vinaigre, l'oignon, le yaourt, l'avocat et le poivre.

Ajouter les assaisonnements, mélanger et servir avec la garniture de ciboulette.

Nutrition (pour 100g): 294 Calories 19g Lipides 10g Glucides 12g Protéines 836mg Sodium

fromage de mer

Temps de préparation : 12 minutes
temps de cuisson: 25 minutes
Portions : 2
Niveau de difficulté : facile

Ingrédients:

- Saumon, filet 180 grammes
- Basilic séché, 1 cuillère à soupe
- Fromage, 2 cuillères à soupe, râpé
- Tomate, 1, tranchée
- Huile d'olive extra vierge, 1 cuillère à soupe

Instructions:

Préparez un four à 375 F. Étalez une feuille de papier d'aluminium sur une plaque à pâtisserie et vaporisez d'huile de cuisson. Transférer délicatement le saumon sur la plaque à pâtisserie et couvrir avec le reste des ingrédients.

Laisser colorer le saumon pendant 20 minutes. Laisser refroidir cinq minutes et transférer dans un plat de service. Vous verrez la garniture au milieu du saumon.

Nutrition (pour 100g): 411 Calories 26,6 g Lipides 1,6 g Glucides 8 g Protéines 822 mg Sodium

steaks sains

Temps de préparation : 10 minutes
temps de cuisson: 20 minutes
Portions : 2
Niveau de difficulté : facile

Ingrédients:

- Huile d'olive, 1 cuillère à café
- Steak de flétan, 8 onces
- Ail, ½ cuillère à café, haché
- Beurre, 1 cuillère à soupe
- Sel et poivre au goût

Instructions:

Faire chauffer une poêle et ajouter l'huile. A feu moyen, dorer les steaks dans une poêle, faire fondre le beurre avec l'ail, saler et poivrer. Ajouter les steaks, bien mélanger et servir.

Nutrition (pour 100g): 284 Calories 17 g Lipides 0,2 g Glucides 8 g Protéines 755 mg Sodium

saumon aux herbes

Temps de préparation : 8 minutes

temps de cuisson: 18 minutes

Portions : 2

Niveau de difficulté : facile

Ingrédients:

- Saumon, 2 filets sans peau
- Gros sel au goût
- Huile d'olive extra vierge, 1 cuillère à soupe
- Citron, 1, tranché
- Romarin frais, 4 brins

Instructions:

Préchauffer le four à 400F. Placez le papier d'aluminium sur une plaque à pâtisserie et placez le saumon dessus. Couvrir le saumon avec le reste des ingrédients et enfourner pour 20 minutes. Servir immédiatement avec des quartiers de citron.

Nutrition (pour 100g): 257 Calories 18 g Lipides 2,7 g Glucides 7 g Protéines 836 mg Sodium

Thon fumé glacé

Temps de préparation : 35 minutes
temps de cuisson: 10 minutes
Portions : 2
Niveau de difficulté : facile

Ingrédients:

- Thon, steaks de 120 grammes
- Jus d'orange, 1 cuillère à soupe
- Ail haché, ½ gousse
- Jus de citron, ½ cuillère à café
- Persil frais, 1 cuillère à soupe, haché
- Sauce soja, 1 cuillère à soupe
- Huile d'olive extra vierge, 1 cuillère à soupe
- Poivre noir moulu, ¼ c.
- Origan, ¼ cuillère à café

Instructions:

Choisissez un saladier et ajoutez tous les ingrédients sauf le thon. Bien mélanger et ajouter le thon à la marinade. Placez le mélange au réfrigérateur pendant une demi-heure. Faites chauffer un grill et faites cuire le thon de chaque côté pendant 5 minutes. Servir après cuisson.

Nutrition (pour 100g): 200 Calories 7,9 g Lipides 0,3 g Glucides 10 g Protéines 734 mg Sodium

Croustillant de flétan

Temps de préparation : 20 minutes
temps de cuisson: 15 minutes
Portions : 2
Niveau de difficulté : facile

Ingrédients:

- persil
- Aneth frais, 2 cuillères à soupe, haché
- Ciboulette fraîche, 2 cuillères à soupe, hachée
- Huile d'olive, 1 cuillère à soupe
- Sel et poivre au goût
- Flétan, filets, 6 onces
- Zeste de citron, ½ cuillère à café, finement râpé
- Yaourt grec, 2 cuillères à soupe

Instructions:

Préchauffer le four à 400F. Tapisser une plaque à pâtisserie de papier d'aluminium. Ajouter tous les ingrédients dans un plat large et laisser mariner les filets. Rincez et séchez les filets; puis mettre au four et cuire 15 minutes.

Nutrition (pour 100g): 273 Calories 7,2 g Lipides 0,4 g Glucides 9 g Protéines 783 mg Sodium

Fit Thon

Temps de préparation : 15 minutes
temps de cuisson: 10 minutes
Portions : 2
Niveau de difficulté : facile

Ingrédients:

- Oeuf, ½
- Oignon, 1 cuillère à soupe, émincé
- céleri
- Sel et poivre au goût
- Ail, 1 gousse, hachée
- thon en conserve, 7 onces
- Yaourt grec, 2 cuillères à soupe

Instructions:

Égoutter le thon et ajouter l'œuf et le yaourt avec l'ail, le sel et le poivre.

Dans un bol, mélanger ce mélange avec les oignons et façonner les burgers. Prenez une grande poêle et faites dorer les burgers 3 minutes de chaque côté. Égoutter et servir.

Nutrition (pour 100g): 230 Calories 13g Lipides 0.8g Glucides 10g Protéines 866mg Sodium

Steaks de poisson chauds et frais

Temps de préparation : 14 minutes

temps de cuisson: 14 minutes

Portions : 2

Niveau de difficulté : facile

Ingrédients:

- Ail, 1 gousse, hachée
- Jus de citron, 1 cuillère à soupe
- Cassonade, 1 cuillère à soupe
- Steak de flétan, 1 livre
- Sel et poivre au goût
- Sauce soja, ¼ cuillère à café
- Beurre, 1 cuillère à café
- Yaourt grec, 2 cuillères à soupe

Instructions:

À feu moyen, préchauffer le gril. Mélanger le beurre, le sucre, le yogourt, le jus de citron, la sauce soya et les épices dans un bol. Faire chauffer le mélange dans une casserole. Utilisez ce mélange pour badigeonner le steak pendant qu'il cuit sur le gril. Servir chaud.

Nutrition (pour 100g): 412 Calories 19.4g Lipides 7.6g Glucides 11g Protéines 788mg Sodium

Moules O'Marine

Temps de préparation : 20 minutes

temps de cuisson: 10 minutes

Portions : 2

Niveau de difficulté : facile

Ingrédients:

- Moules, nettoyées et décortiquées, 1 livre
- Lait de coco, ½ tasse
- Poivre de Cayenne, 1 cuillère à café
- Jus de citron frais, 1 cuillère à soupe
- Ail, 1 cuillère à café, haché
- Coriandre fraîchement hachée pour la garniture
- Cassonade, 1 cuillère à café

Instructions:

Mélanger tous les ingrédients dans une casserole, sauf les moules. Faire chauffer le mélange et porter à ébullition. Ajouter les moules et cuire 10 minutes. Servir sur une assiette avec le liquide bouilli.

Nutrition (pour 100g): 483 Calories 24,4 g Lipides 21,6 g Glucides 1,2 g Protéines 499 mg Sodium

Rôti de bœuf méditerranéen à la mijoteuse

Temps de préparation : 10 minutes
temps de cuisson: 10 heures et 10 minutes
Portions : 6
Niveau de difficulté : moyen

Ingrédients:

- 3 livres de Chuck Roast, désossé
- 2 cuillères à café de romarin
- ½ tasse de tomates séchées au soleil, hachées
- 10 gousses d'ail râpées
- ½ tasse de bouillon de bœuf
- 2 cuillères à soupe de vinaigre balsamique
- ¼ tasse de persil italien haché, frais
- ¼ tasse d'olives hachées
- 1 cuillère à café de zeste de citron
- ¼ tasse de gruau de fromage

Instructions:

Dans la poêle, déposer l'ail, les tomates séchées et le rosbif.

Ajouter le bouillon de bœuf et le romarin. Fermez le feu et laissez cuire doucement pendant 10 heures.

Après la cuisson, retirer la viande et effilocher la viande. Jetez la graisse. Remettre la viande effilochée dans la poêle et cuire 10 minutes. Dans un petit bol, mélanger le zeste de citron, le persil et les olives. Réfrigérer le mélange jusqu'au moment de servir. Garnir avec le mélange refroidi.

Servir sur des pâtes ou des nouilles aux œufs. Couvrir de gruau de fromage.

Nutrition (pour 100g): 314 Calories 19g Lipides 1g Glucides 32g Protéines 778mg Sodium

Bœuf méditerranéen à la mijoteuse avec artichauts

Temps d'installation: 3 heures et 20 minutes
temps de cuisson: 7 heures et 8 minutes
Portions : 6
Niveau de difficulté : facile

Ingrédients:

- 2 livres de boeuf pour le ragoût
- 14 onces de coeurs d'artichauts
- 1 cuillère à soupe d'huile de pépins de raisin
- 1 oignon en cubes
- 32 onces de bouillon de boeuf
- 4 gousses d'ail râpées
- 14½ onces de tomates en conserve, coupées en dés
- 15 onces de sauce tomate
- 1 cuillère à café d'origan séché
- ½ tasse d'olives dénoyautées hachées
- 1 cuillère à café de persil sec
- 1 cuillère à café d'origan séché
- ½ cuillère à café de cumin en poudre
- 1 cuillère à café de basilic séché
- 1 feuille de laurier
- ½ cuillère à café de sel

Instructions:

Dans une grande poêle antiadhésive, versez un peu d'huile et faites chauffer à feu moyen-vif. Rôtir la viande jusqu'à ce qu'elle soit dorée des deux côtés. Transférer la viande dans une mijoteuse.

Ajouter le bouillon de viande, les tomates en dés, la sauce tomate, le sel et mélanger. Verser le bouillon de viande, les tomates en dés, l'origan, les olives, le basilic, le persil, le laurier et le cumin. Mélangez complètement le mélange.

Fermer et cuire à feu doux pendant 7 heures. Jetez la feuille de laurier au moment de servir. Servir chaud.

Nutrition (pour 100g): 416 Calories 5 g Lipides 14,1 g Glucides 29,9 g Protéines 811 mg Sodium

Mijoteuse maigre de style méditerranéen à la mijoteuse

Temps de préparation : 30 minutes
Temps de cuisson : 8 heures
Portions : 10
Niveau de difficulté : difficile

Ingrédients:

- 4 livres d'oeil de rôti rond
- 4 gousses d'ail
- 2 cuillères à café d'huile d'olive
- 1 cuillère à café de poivre noir fraîchement moulu
- 1 tasse d'oignons hachés
- 4 carottes hachées
- 2 cuillères à café de romarin séché
- 2 branches de céleri hachées
- 28 onces de tomates concassées en conserve
- 1 tasse de bouillon de bœuf à faible teneur en sodium
- 1 verre de vin rouge
- 2 cuillères à café de sel

Instructions:

Assaisonner le rosbif de sel, d'ail et de poivre et réserver. Verser l'huile dans une poêle antiadhésive et faire chauffer à feu moyen-vif. Placer la viande et rôtir jusqu'à ce qu'elle soit dorée de tous les côtés. Maintenant, transférez le rosbif dans une mijoteuse de 6 pintes. Ajouter les carottes, les oignons, le romarin et le céleri dans la poêle. Poursuivre la cuisson jusqu'à ce que l'oignon et les légumes soient tendres.

Ajouter les tomates et le vin à ce mélange de légumes. Ajouter le bouillon de bœuf et le mélange de tomates dans la mijoteuse avec le mélange de légumes. Fermer et cuire à feu doux pendant 8 heures.

Une fois la viande cuite, retirez-la de la mijoteuse et placez-la sur une planche à découper et enveloppez-la dans du papier d'aluminium. Pour épaissir la sauce, transférer dans une casserole et faire bouillir à feu doux jusqu'à l'obtention de la consistance désirée. Jeter les graisses avant de servir.

Nutrition (pour 100g): 260 Calories 6 g Lipides 8,7 g Glucides 37,6 g Protéines 588 mg Sodium

Pain de viande à la mijoteuse

Temps de préparation : 10 minutes
temps de cuisson: 6 heures et 10 minutes
Portions : 8
Niveau de difficulté : moyen

Ingrédients:

- 2 livres de bison terrestre
- 1 courgette râpée
- 2 gros oeufs
- Vaporisateur d'huile d'olive au besoin
- 1 courgette hachée
- ½ tasse de persil, frais, haché finement
- ½ tasse de parmesan râpé
- 3 cuillères à soupe de vinaigre balsamique
- 4 gousses d'ail râpées
- 2 cuillères à soupe d'oignon haché
- 1 cuillère à soupe d'origan séché
- ½ cuillère à café de poivre noir moulu
- ½ cuillère à café de sel casher
- Vers le toit :
- ¼ tasse de fromage mozzarella râpé
- ¼ tasse de ketchup non sucré
- ¼ tasse de persil fraîchement haché

Instructions:

Tapisser l'intérieur d'une mijoteuse de six pintes de papier d'aluminium. Vaporisez dessus de l'huile de cuisson antiadhésive.

Dans un grand bol, mélanger le bison haché ou la surlonge extra-fine, les courgettes, les œufs, le persil, le vinaigre balsamique, l'ail, l'origan séché, le sel de mer ou casher, l'oignon séché haché et le poivre noir moulu.

Placer ce mélange dans la mijoteuse et façonner un pain de forme oblongue. Couvrir la cuisinière, porter à feu doux et cuire pendant 6 heures. Après la cuisson, ouvrez la cuisinière et étalez le ketchup sur tout le pain de viande.

Maintenant, placez le fromage sur le ketchup comme une nouvelle couche et fermez la mijoteuse. Laisser reposer le pain de viande sur ces deux couches pendant environ 10 minutes ou jusqu'à ce que le fromage commence à fondre. Garnir de persil frais et de mozzarella râpée.

Nutrition (pour 100g): 320 Calories 2g Lipides 4g Glucides 26g Protéines 681mg Sodium

Morceaux de bœuf méditerranéen à la mijoteuse

Temps de préparation : 10 minutes
Temps de cuisson : 13 heures
Portions : 6
Niveau de difficulté : moyen

Ingrédients:

- 3 livres de rosbif maigre
- ½ cuillère à café de poudre d'oignon
- ½ cuillère à café de poivre noir
- 3 tasses de bouillon de bœuf à faible teneur en sodium
- 4 cuillères à café de vinaigrette
- 1 feuille de laurier
- 1 cuillère à soupe d'ail haché
- 2 poivrons rouges, tranchés en fines lanières
- 16 onces de Pepperoncino
- 8 tranches de Sergeant Provolone, fines
- 2 onces de pain sans gluten
- ½ cuillère à café de sel
- <u>Assaisonner:</u>
- 1½ cuillère à soupe d'oignon en poudre
- 1 ½ cuillère à soupe d'ail en poudre
- 2 cuillères à soupe de persil séché

- 1 cuillère à soupe de stévia
- ½ cuillère à café de thym séché
- 1 cuillère à soupe d'origan séché
- 2 cuillères à soupe de poivre noir
- 1 cuillère à soupe de sel
- 6 tranches de fromage

Instructions:

Séchez le rôti avec une serviette en papier. Mélanger le poivre noir, la poudre d'oignon et le sel dans un petit bol et frotter le mélange sur le rôti. Placer le rôti assaisonné dans une mijoteuse.

Ajouter le bouillon, le mélange de vinaigrette, la feuille de laurier et l'ail dans la mijoteuse. Mélangez-le délicatement. Fermez et placez à feu doux pendant 12 heures. Après cuisson, retirer la feuille de laurier.

Retirer la viande cuite et effilocher la viande. Remettre la viande effilochée et ajouter les poivrons et. Placer le poivron et le pepperoncino dans la mijoteuse. Couvrez la cuisinière et faites cuire à feu doux pendant 1 heure. Avant de servir, garnir chaque pain de 85 grammes du mélange de viande. Couvrir d'une tranche de fromage. La sauce liquide peut être utilisée comme sauce.

Nutrition (pour 100g): 442 Calories 11,5 g Lipides 37 g Glucides 49 g Protéines 735 mg Sodium

Rôti de porc méditerranéen

Temps de préparation : 10 minutes

temps de cuisson: 8 heures et 10 minutes

Portions : 6

Niveau de difficulté : moyen

Ingrédients:

- 2 cuillères à soupe d'huile d'olive
- 2 livres de rôti de porc
- ½ cuillère à café de paprika
- ¾ tasse de bouillon de poulet
- 2 cuillères à café de sauge séchée
- ½ cuillère à soupe d'ail haché
- ¼ cuillère à café de marjolaine séchée
- ¼ cuillère à café de romarin séché
- 1 cuillère à café d'origan
- ¼ cuillère à café de thym séché
- 1 cuillère à café de basilic
- ¼ cuillère à café de sel casher

Instructions:

Dans un petit bol, mélanger le bouillon, l'huile, le sel et les épices. Dans une poêle verser l'huile d'olive et faire chauffer à feu moyen-vif. Ajouter le porc et rôtir jusqu'à ce que tous les côtés soient dorés.

Retirer le porc après cuisson et piquer tout le rôti avec un couteau. Placer le rôti de porc haché dans une mijoteuse de 6 pintes. Maintenant, versez le liquide du petit bol sur le rôti.

Fermez le pot en argile et faites cuire à feu doux pendant 8 heures. Après la cuisson, retirez-le du pot en argile sur une planche à découper et cassez-le en morceaux. Remettez ensuite le porc effiloché dans la mijoteuse. Cuire encore 10 minutes. Servir avec du fromage feta, du pain plat et des tomates.

Nutrition (pour 100g): 361 Calories 10,4 g Lipides 0,7 g Glucides 43,8 g Protéines 980 mg Sodium

pizza à la viande

Temps de préparation : 20 minutes
temps de cuisson: 50 minutes
Portions : 10
Niveau de difficulté : difficile

Ingrédients:

- <u>Pour la croûte :</u>
- 3 tasses de farine tout usage
- 1 cuillère à soupe de sucre
- 2¼ cuillères à café de levure sèche active
- 1 cuillère à café de sel
- 2 cuillères à soupe d'huile d'olive
- 1 tasse d'eau chaude
- <u>Pour la couverture :</u>
- 1 kilo de boeuf haché
- 1 oignon moyen, haché
- 2 cuillères à soupe de pâte de tomate
- 1 cuillère à soupe de cumin moulu
- Sel et poivre noir moulu, au besoin
- ¼ tasse d'eau
- 1 tasse d'épinards frais hachés
- 8 onces de coeurs d'artichauts, divisés en quatre
- 4 onces de champignons frais, tranchés

- 2 tomates hachées
- 4 onces de fromage feta, émietté

Instructions:

Pour la croûte :

Fouetter la farine, le sucre, la levure et le sel dans un batteur sur socle, à l'aide du crochet pétrisseur. Ajouter 2 cuillères à soupe d'huile et d'eau tiède et pétrir jusqu'à l'obtention d'une pâte lisse et élastique.

Faire une boule avec la pâte et laisser reposer environ 15 minutes.

Placer la pâte sur une surface légèrement farinée et rouler en cercle. Placer la pâte dans une plaque à pizza ronde légèrement graissée et appuyer doucement pour l'ajuster. Réservez environ 10-15 minutes. Enduisez la croûte d'un peu d'huile. Préchauffer le four à 400 degrés F.

Pour la couverture :

Faire frire la viande dans une poêle antiadhésive à feu moyen-vif pendant environ 4-5 minutes. Ajouter l'oignon et cuire environ 5 minutes en remuant constamment. Ajouter la pâte de tomate, le cumin, le sel, le poivre noir et l'eau et bien mélanger.

Réglez le feu à moyen et laissez cuire environ 5 à 10 minutes. Retirer du feu et mettre de côté. Verser le mélange de viande sur la croûte à pizza et garnir avec les épinards, suivis des artichauts, des champignons, des tomates et du fromage feta.

Cuire jusqu'à ce que le fromage fonde. Retirer du four et laisser reposer environ 3 à 5 minutes avant de trancher. Couper en tranches de la taille désirée et servir.

Nutrition (pour 100g): 309 Calories 8,7 g Lipides 3,7 g Glucides 3,3 g Protéines 732 mg Sodium

Boulettes de boeuf et boulgour

Temps de préparation : 20 minutes

temps de cuisson: 28 minutes

Portions : 6

Niveau de difficulté : moyen

Ingrédients:

- ¾ tasse de boulgour cru
- 1 kilo de boeuf haché
- ¼ tasse d'échalotes, hachées
- ¼ tasse de persil frais haché
- ½ cuillère à café de piment de la Jamaïque moulu
- ½ cuillère à café de cumin moulu
- ½ cuillère à café de cannelle en poudre
- ¼ cuillère à café de flocons de piment rouge, broyés
- Sel au besoin
- 1 cuillère à soupe d'huile d'olive

Instructions:

Dans un grand bol d'eau froide, faire tremper le boulgour environ 30 minutes. Bien égoutter le blé puis presser avec les mains pour enlever l'excès d'eau. Dans un robot culinaire, ajouter le boulgour, le bœuf, les échalotes, le persil, les épices, le sel et mélanger jusqu'à consistance lisse.

Placer le mélange dans un bol et réfrigérer, couvert, pendant environ 30 minutes. Retirer du réfrigérateur et former des boules de taille égale avec le mélange de viande. Dans une grande poêle antiadhésive, chauffer l'huile à feu moyen-élevé et cuire les boulettes de viande en 2 fois pendant environ 13-14 minutes, en les retournant fréquemment. Servez-le chaud.

Nutrition (pour 100g): 228 Calories 7,4 g Lipides 0,1 g Glucides 3,5 g Protéines 766 mg Sodium

Boeuf savoureux et brocoli

Temps de préparation : 10 minutes
temps de cuisson: 15 minutes
Portions : 4
Niveau de difficulté : facile

Ingrédients:

- 1 livre et ½. bifteck de flanc
- 1 cuillère à soupe. huile
- 1 cuillère à soupe. sauce tamari
- 1 tasse de bouillon de boeuf
- 1 livre de brocoli, bouquets séparés

Instructions:

Mélanger les lanières de steak avec l'huile et le tamari, mélanger et réserver 10 minutes. Réglez votre Instant Pot en mode sauté, placez les lanières de bœuf et faites-les dorer 4 minutes de chaque côté. Ajouter le bouillon, couvrir à nouveau la casserole et cuire à feu vif pendant 8 minutes. Ajouter le brocoli, couvrir et cuire à feu vif pendant encore 4 minutes. Répartissez le tout dans les assiettes et servez. Apprécier!

Nutrition (pour 100g): 312 Calories 5g Lipides 20g Glucides 4g Protéines 694mg Sodium

chili de maïs au boeuf

Temps de préparation : 8-10 minutes
temps de cuisson: 30 minutes
Portions : 8
Niveau de difficulté : moyen

Ingrédients:

- 2 petits oignons hachés (finement)
- ¼ tasse de maïs en conserve
- 1 cuillère à soupe d'huile
- 10 onces de bœuf haché maigre
- 2 petits poivrons, hachés

Instructions:

Allumez l'Instant Pot. Cliquez sur "SAUTER". Versez l'huile et ajoutez l'oignon, le piment et la viande; cuire jusqu'à ce qu'il soit translucide et ramolli. Versez les 3 tasses d'eau dans la casserole; bien mélanger.

Ferme la couverture. Sélectionnez « VIANDE/RAGOÛT ». Réglez la minuterie sur 20 minutes. Laissez cuire jusqu'à ce que la minuterie s'arrête.

Cliquez sur "ANNULER" puis sur "NPR" pour relâcher la pression naturelle pendant environ 8 à 10 minutes. Ouvrir et déposer le plat sur des assiettes de service. Servir.

Nutrition (pour 100g): 94 Calories 5g Lipides 2g Glucides 7g Protéines 477mg Sodium

assiette de viande balsamique

Temps de préparation : 5 minutes
temps de cuisson: 55 minutes
Portions : 8
Niveau de difficulté : moyen

Ingrédients:

- 3 livres de rosbif
- 3 gousses d'ail, tranchées finement
- 1 cuillère à soupe d'huile
- 1 cuillère à café de vinaigre aromatisé
- ½ cuillère à café de poivre
- ½ cuillère à café de romarin
- 1 cuillère à soupe de beurre
- ½ cuillère à café de thym
- ¼ tasse de vinaigre balsamique
- 1 tasse de bouillon de boeuf

Instructions:

Couper les tranches en rôti et farcir de tranches d'ail. Mélanger le vinaigre aromatisé, le romarin, le poivre, le thym et frotter le mélange sur le rôti. Sélectionnez la poêle en mode sauté et mélangez-y l'huile, laissez l'huile chauffer. Cuire les deux faces du rôti.

Retirez-le et réservez. Ajouter le beurre, le bouillon, le vinaigre balsamique et retirer le glaçage de la poêle. Remettre en torréfaction et fermer le couvercle, puis cuire à HAUTE pression pendant 40 minutes.

Effectuez une libération rapide. Servir!

Nutrition (pour 100g): 393 Calories 15g Lipides 25g Glucides 37g Protéines 870mg Sodium

Sauce soja au rosbif

Temps de préparation : 8 minutes

temps de cuisson: 35 mn

Portions : 2-3

Niveau de difficulté : moyen

Ingrédients:

- ½ cuillère à café de bouillon de boeuf
- 1 ½ cuillère à café de romarin
- ½ cuillère à café d'ail haché
- 2 livres de rosbif
- 1/3 tasse de sauce soja

Instructions:

Mélanger la sauce soya, le bouillon, le romarin et l'ail dans un bol.

Allumez votre Instant Pot. Placer le rôti et verser suffisamment d'eau pour couvrir le rôti; remuer doucement pour bien mélanger. Bien sceller.

Cliquez sur la fonction de cuisson « MEAT / STEW » ; réglez le niveau de pression sur "ÉLEVÉ" et réglez le temps de cuisson sur 35 minutes. Laissez monter la pression pour cuire les ingrédients. Une fois cela fait, cliquez sur le réglage "ANNULER" et cliquez sur la fonction de cuisson "NPR" pour relâcher la pression naturellement.

Ouvrez lentement le couvercle et effilochez la viande. Mélanger le boeuf râpé dans le terreau et bien mélanger. Transférer dans des récipients pour servir. Servez-le chaud.

Nutrition (pour 100g): 423 Calories 14g Lipides 12g Glucides 21g Protéines 884mg Sodium

Rôti de Paleron de Bœuf Alecrim

Temps de préparation : 5 minutes

temps de cuisson: 45 minutes

Portions : 5-6

Niveau de difficulté : moyen

Ingrédients:

- 3 livres de rosbif
- 3 gousses d'ail
- ¼ tasse de vinaigre balsamique
- 1 brin de romarin frais
- 1 brin de thym frais
- 1 tasse d'eau
- 1 cuillère à soupe d'huile végétale
- Sel et poivre au goût

Instructions:

Hachez les tranches de rosbif et placez-y les gousses d'ail. Frotter le rôti avec les herbes, le poivre noir et le sel. Préchauffez votre Instant Pot en utilisant le réglage de sauté et versez l'huile. Lorsqu'il est chaud, incorporer le rosbif et cuire rapidement jusqu'à ce qu'il soit doré de tous les côtés. Ajouter les ingrédients restants; remuer doucement.

Bien sceller et cuire à feu vif pendant 40 minutes en mode manuel. Laissez la pression se relâcher naturellement, environ 10 minutes. Découvrir et déposer la viande rôtie sur des assiettes de service, trancher et servir.

Nutrition (pour 100g): 542 Calories 11,2 g Lipides 8,7 g Glucides 55,2 g Protéines 710 mg Sodium

Côtelettes de porc et sauce tomate

Temps de préparation : 10 minutes

temps de cuisson: 20 minutes

Portions : 4

Niveau de difficulté : facile

Ingrédients:

- 4 côtelettes de porc désossées
- 1 cuillère à soupe de sauce soja
- ¼ cuillère à café d'huile de sésame
- 1 et ½ tasses de pâte de tomate
- 1 oignon jaune
- 8 champignons tranchés

Instructions:

Dans un bol, mélanger les côtelettes de porc avec la sauce soja et l'huile de sésame, mélanger et réserver 10 minutes. Réglez votre Instant Pot en mode sauté, ajoutez les côtelettes de porc et faites-les dorer 5 minutes de chaque côté. Ajouter l'oignon et cuire encore 1-2 minutes. Ajouter la pâte de tomate et les champignons, mélanger, couvrir et cuire à feu vif pendant 8 à 9 minutes. Répartissez le tout dans les assiettes et servez. Apprécier!

Nutrition (pour 100g): 300 calories 7 g de matières grasses 18 g de glucides 4 g de protéines 801 mg de sodium

Poulet sauce aux câpres

Temps de préparation : 10 minutes
temps de cuisson: 18 minutes
Portions : 5
Niveau de difficulté : difficile

Ingrédients:

- <u>Pour le poulet :</u>
- 2 oeufs
- Sel et poivre noir moulu, au besoin
- 1 tasse de chapelure sèche
- 2 cuillères à soupe d'huile d'olive
- Poitrine de poulet désossée et sans peau d'une livre, déchiquetée à ¾ de pouce d'épaisseur et coupée en morceaux
- <u>Pour la sauce aux câpres :</u>
- 3 cuillères à soupe de câpres
- ½ tasse de vin blanc sec
- 3 cuillères à soupe de jus de citron frais
- Sel et poivre noir moulu, au besoin
- 2 cuillères à soupe de persil frais, haché

Instructions:

Pour le poulet : Dans une assiette creuse, ajouter les œufs, le sel et le poivre noir et battre jusqu'à ce qu'ils soient bien incorporés. Dans une autre assiette creuse, déposer la chapelure. Tremper les morceaux de poulet dans le mélange d'œufs et les enrober uniformément de chapelure. Secouez l'excédent de chapelure.

Cuire l'huile à feu moyen et cuire les morceaux de poulet environ 5-7 minutes de chaque côté ou jusqu'à la cuisson désirée. À l'aide d'une écumoire, déposer les morceaux de poulet sur une assiette tapissée de papier absorbant. Avec un morceau de papier d'aluminium, couvrir les morceaux de poulet pour les garder au chaud.

Dans la même poêle, ajouter tous les ingrédients de la sauce sauf le persil et cuire environ 2-3 minutes en remuant continuellement. Incorporer le persil et retirer du feu. Servir les morceaux de poulet nappés de la sauce aux câpres.

Nutrition (pour 100g): 352 Calories 13,5 g Lipides 1,9 g Glucides 1,2 g Protéines 741 mg Sodium

Burgers de dinde avec sauce à la mangue

Temps de préparation : 15 minutes

temps de cuisson: 10 minutes

Portions : 6

Niveau de difficulté : facile

Ingrédients:

- 1 ½ livre de poitrine de dinde hachée
- 1 cuillère à café de sel de mer, divisée
- ¼ cuillère à café de poivre noir fraîchement moulu
- 2 cuillères à soupe d'huile d'olive extra vierge
- 2 mangues, pelées, dénoyautées et coupées en dés
- ½ oignon rouge, émincé
- 1 jus de citron
- 1 gousse d'ail hachée
- ½ piment jalapeno, épépiné et finement haché
- 2 cuillères à soupe de feuilles de coriandre fraîche hachées

Instructions:

Façonner la poitrine de dinde en 4 galettes et assaisonner avec ½ cuillère à café de sel de mer et de poivre. Faites cuire l'huile dans une poêle anti-adhésive jusqu'à ce qu'elle commence à frémir. Ajouter les galettes de dinde et cuire environ 5 minutes de chaque côté jusqu'à ce qu'elles soient dorées. Pendant la cuisson des galettes, combiner la mangue, l'oignon rouge, le jus de citron vert, l'ail, le jalapeño, la coriandre et la ½ cuillère à café de sel de mer restante dans un petit bol. Verser la salsa sur les galettes de dinde et servir.

Nutrition (pour 100g): 384 Calories 3g Lipides 27g Glucides 34g Protéines 692mg Sodium

Poitrine de dinde rôtie aux herbes

Temps de préparation : 15 minutes

temps de cuisson: 1h30 (plus 20 minutes de repos)

Portions : 6

Niveau de difficulté : moyen

Ingrédients:

- 2 cuillères à soupe d'huile d'olive extra vierge
- 4 gousses d'ail hachées
- Zest de 1 citron
- 1 cuillère à soupe de feuilles de thym frais hachées
- 1 cuillère à soupe de feuilles de romarin frais hachées
- 2 cuillères à soupe de feuilles de persil italien frais
- 1 cuillère à café de moutarde moulue
- 1 cuillère à café de sel de mer
- ¼ cuillère à café de poivre noir fraîchement moulu
- 1 (6 livres) poitrine de dinde avec peau et os
- 1 tasse de vin blanc sec

Instructions:

Préchauffer le four à 325 ° F. Mélanger l'huile d'olive, l'ail, le zeste de citron, le thym, le romarin, le persil, la moutarde, le sel de mer et le poivre. Badigeonnez uniformément le mélange d'herbes sur la surface de la poitrine de dinde, desserrez la peau et frottez également en dessous. Placer la poitrine de dinde dans une rôtissoire sur une grille, côté peau vers le haut.

Verser le vin dans la casserole. Rôtir pendant 1 à 1 1/2 heures jusqu'à ce que la dinde atteigne une température interne de 165 degrés F. Retirer du four et placer séparément pendant 20 minutes, recouvert de papier d'aluminium pour garder au chaud, avant de trancher.

Nutrition (pour 100g): 392 Calories 1g Lipides 2g Glucides 84g Protéines 741mg Sodium

Saucisse de Poulet et Poivrons

Temps de préparation : 10 minutes

temps de cuisson: 20 minutes

Portions : 6

Niveau de difficulté : moyen

Ingrédients:

- 2 cuillères à soupe d'huile d'olive extra vierge
- 6 saucisses de poulet italiennes
- 1 oignon
- 1 poivron rouge
- 1 poivron vert
- 3 gousses d'ail hachées
- ½ tasse de vin blanc sec
- ½ cuillère à café de sel de mer
- ¼ cuillère à café de poivre noir fraîchement moulu
- Ramassez les flocons de piment rouge

Instructions:

Faites cuire l'huile dans une grande poêle jusqu'à ce qu'elle commence à frémir. Ajouter les saucisses et cuire 5 à 7 minutes, en les retournant de temps en temps, jusqu'à ce qu'elles soient dorées et qu'elles atteignent une température interne de 165 ° F. À l'aide de pinces, retirer la saucisse de la poêle et réserver sur une assiette recouverte de papier d'aluminium pour garder au chaud .. ça s'est réchauffé.

Remettre la poêle sur le feu et incorporer l'oignon, le poivron rouge et le poivron vert. Cuire et remuer de temps en temps, jusqu'à ce que les légumes commencent à dorer. Ajouter l'ail et cuire 30 secondes en remuant constamment.

Incorporer le vin, le sel de mer, le poivre et les flocons de piment rouge. Retirer et incorporer tous les morceaux dorés du fond de la casserole. Cuire environ 4 minutes de plus, en remuant, jusqu'à ce que le liquide réduise de moitié. Saupoudrer les poivrons sur les saucisses et servir.

Nutrition (pour 100g): 173 Calories 1g Lipides 6g Glucides 22g Protéines 582mg Sodium

Poulet haché

Temps de préparation : 10 minutes

temps de cuisson: 15 minutes

Portions : 6

Niveau de difficulté : moyen

Ingrédients:

- ½ tasse de farine de blé entier
- ½ cuillère à café de sel de mer
- 1/8 cuillère à café de poivre noir fraîchement moulu
- 1 ½ livre de poitrine de poulet, coupée en 6 morceaux
- 3 cuillères à soupe d'huile d'olive extra vierge
- 1 tasse de bouillon de poulet non salé
- ½ tasse de vin blanc sec
- 1 jus de citron
- Zest de 1 citron
- ¼ tasse de câpres, égouttées et rincées
- ¼ tasse de feuilles de persil frais hachées

Instructions:

Dans une assiette creuse, fouetter la farine, le sel marin et le poivre. Saupoudrer le poulet de farine et secouer l'excédent. Cuire l'huile jusqu'à ce qu'elle commence à frémir.

Déposer le poulet et cuire environ 4 minutes de chaque côté jusqu'à ce qu'il soit doré. Retirer le poulet de la poêle et réserver, tapissé de papier d'aluminium pour le garder au chaud.

Remettre la poêle sur le feu et ajouter le bouillon, le vin, le jus de citron, le zeste de citron et les câpres. Utilisez le côté d'une cuillère et incorporez les morceaux dorés du fond de la casserole. Cuire jusqu'à ce que le liquide épaississe. Retirer la poêle du feu et remettre le poulet dans la poêle. Tourner pour enrober. Ajouter le persil et servir.

Nutrition (pour 100g):153 Calories 2g Lipides 9g Glucides 8g Protéines 692mg Sodium

poulet toscan

Temps de préparation : 10 minutes
temps de cuisson: 25 minutes
Portions : 6
Niveau de difficulté : difficile

Ingrédients:

- ¼ tasse d'huile d'olive extra vierge, divisée
- Poitrines de poulet désossées et sans peau d'une livre, coupées en morceaux de ¾ de pouce
- 1 oignon haché
- 1 poivron rouge haché
- 3 gousses d'ail hachées
- ½ tasse de vin blanc sec
- 1 boîte (14 onces) de tomates broyées, non égouttées
- 1 boîte de tomates concassées, égouttées
- 1 boîte (14 onces) de haricots blancs, égouttés
- 1 cuillère à soupe d'assaisonnement italien sec
- ½ cuillère à café de sel de mer
- 1/8 cuillère à café de poivre noir fraîchement moulu
- 1/8 cuillère à café de flocons de piment rouge
- ¼ tasse de feuilles de basilic frais hachées

Instructions:

Faites cuire 2 cuillères à soupe d'huile d'olive jusqu'à ce qu'elle commence à scintiller. Incorporer le poulet et cuire jusqu'à ce qu'il soit doré. Retirez le poulet de la poêle et réservez-le sur un plat recouvert de papier d'aluminium pour le garder au chaud.

Remettre la poêle sur le feu et faire chauffer le reste d'huile. Ajouter l'oignon et le poivron rouge. Cuire et remuer de temps en temps, jusqu'à ce que les légumes soient tendres. Ajouter l'ail et cuire 30 secondes en remuant constamment.

Ajouter le vin et utiliser le côté de la cuillère pour enlever les morceaux dorés du fond de la casserole. Cuire 1 minute en remuant.

Incorporer les tomates broyées et hachées, les haricots blancs, l'assaisonnement italien, le sel de mer, le poivre et les flocons de piment rouge. Laissez bouillir. Cuire 5 minutes en remuant de temps en temps.

Remettre le poulet et tout jus accumulé dans la poêle. Cuire jusqu'à ce que le poulet soit bien cuit. Retirer du feu et incorporer le basilic avant de servir.

Nutrition (pour 100g): 271 Calories 8g Lipides 29g Glucides 14g Protéines 596mg Sodium

poulet kapama

Temps de préparation : 10 minutes
Temps de cuisson : 2 heures
Portions : 4
Niveau de difficulté : moyen

Ingrédients:

- 1 boîte (32 onces) de tomates hachées, égouttées
- ¼ tasse de vin blanc sec
- 2 cuillères à soupe de pâte de tomate
- 3 cuillères à soupe d'huile d'olive extra vierge
- ¼ cuillère à café de flocons de piment rouge
- 1 cuillère à café de piment de la Jamaïque moulu
- ½ cuillère à café d'origan séché
- 2 clous de girofle entiers
- 1 bâton de cannelle
- ½ cuillère à café de sel de mer
- 1/8 cuillère à café de poivre noir fraîchement moulu
- 4 demi-poitrines de poulet désossées et sans peau

Instructions:

Mélanger les tomates, le vin, la pâte de tomate, l'huile d'olive, les flocons de piment rouge, le piment de la Jamaïque, l'origan, les clous de girofle, le bâton de cannelle, le sel de mer et le poivre dans une grande casserole. Porter à ébullition en remuant de temps en temps. Laisser mijoter 30 minutes en remuant de temps en temps.

Retirer et jeter tous les clous de girofle et le bâton de cannelle de la sauce et laisser refroidir.

Préchauffer le four à 350 ° F. Placer le poulet dans un plat allant au four de 9 x 13 pouces. Verser la sauce sur le poulet et recouvrir la poêle de papier d'aluminium. Poursuivre la cuisson jusqu'à ce que vous atteigniez une température interne de 165°F.

Nutrition (pour 100g): 220 Calories 3g Lipides 11g Glucides 8g Protéines 923mg Sodium

Poitrine de poulet farcie aux épinards et feta

Temps de préparation : 10 minutes
temps de cuisson: 45 minutes
Portions : 4
Niveau de difficulté : moyen

Ingrédients:

- 2 cuillères à soupe d'huile d'olive extra vierge
- 1 livre d'épinards frais
- 3 gousses d'ail hachées
- Zest de 1 citron
- ½ cuillère à café de sel de mer
- 1/8 cuillère à café de poivre noir fraîchement moulu
- ½ tasse de fromage feta émietté
- 4 poitrines de poulet désossées et sans peau

Instructions:

Préchauffer le four à 350 ° F. Cuire l'huile d'olive à feu moyen jusqu'à ce qu'elle commence à scintiller. Ajouter les épinards. Poursuivre la cuisson et remuer jusqu'à ce qu'ils ramollissent.

Incorporer l'ail, le zeste de citron, le sel de mer et le poivre. Cuire 30 secondes en remuant constamment. Laisser refroidir un peu et mélanger le fromage.

Étendre le mélange d'épinards et de fromage en une couche uniforme sur les morceaux de poulet et enrouler la poitrine autour de la farce. Fixez avec des cure-dents ou de la ficelle de boucher. Placer les poitrines dans un plat allant au four de 9 x 13 pouces et cuire au four pendant 30 à 40 minutes ou jusqu'à ce que le poulet ait une température interne de 165 ° F. Retirer du four et réserver 5 minutes avant de trancher et de servir.

Nutrition (pour 100g): 263 Calories 3g Lipides 7g Glucides 17g Protéines 639mg Sodium

Pilons de poulet rôtis au romarin

Temps de préparation : 5 minutes

Temps de cuisson : 1 heure

Portions : 6

Niveau de difficulté : facile

Ingrédients:

- 2 cuillères à soupe de feuilles de romarin frais hachées
- 1 cuillère à café d'ail en poudre
- ½ cuillère à café de sel de mer
- 1/8 cuillère à café de poivre noir fraîchement moulu
- Zest de 1 citron
- 12 pilons de poulet

Instructions:

Préchauffer le four à 350 ° F. Incorporer le romarin, la poudre d'ail, le sel marin, le poivre et le zeste de citron.

Placer les pilons dans un plat allant au four de 9 x 13 pouces et saupoudrer du mélange de romarin. Rôtir jusqu'à ce que le poulet atteigne une température interne de 165°F.

Nutrition (pour 100g): 163 Calories 1g Lipides 2g Glucides 26g Protéines 633mg Sodium

Poulet aux oignons, pommes de terre, figues et carottes

Temps de préparation : 5 minutes

temps de cuisson: 45 minutes

Portions : 4

Niveau de difficulté : moyen

Ingrédients:

- 2 tasses de pommes de terre rattes, coupées en deux
- 4 figues fraîches, coupées en quartiers
- 2 carottes, coupées en julienne
- 2 cuillères à soupe d'huile d'olive extra vierge
- 1 cuillère à café de sel de mer, divisée
- ¼ cuillère à café de poivre noir fraîchement moulu
- 4 quarts de cuisse de poulet
- 2 cuillères à soupe de feuilles de persil frais hachées

Instructions:

Préchauffer le four à 425 ° F. Dans un petit bol, mélanger les pommes de terre, les figues et les carottes avec l'huile d'olive, ½ cuillère à café de sel de mer et le poivre. Étendre dans un plat allant au four de 9 x 13 pouces.

Assaisonner le poulet avec le sel marin restant. Déposer sur les légumes. Rôtir jusqu'à ce que les légumes soient tendres et que le poulet atteigne une température interne de 165 ° F. Saupoudrer de persil et servir.

Nutrition (pour 100g): 429 Calories 4g Lipides 27g Glucides 52g Protéines 581mg Sodium

Gyros de poulet au tzatziki

Temps de préparation : 15 minutes

temps de cuisson: 1 heure et 20 minutes

Portions : 6

Niveau de difficulté : moyen

Ingrédients:

- Poitrine de poulet d'une demi-livre
- 1 oignon, râpé avec l'excès d'eau pressé
- 2 cuillères à soupe de romarin séché
- 1 cuillère à soupe de marjolaine séchée
- 6 gousses d'ail hachées
- ½ cuillère à café de sel de mer
- ¼ cuillère à café de poivre noir fraîchement moulu
- sauce tzatziki

Instructions:

Préchauffer le four à 350 ° F. Combiner le poulet, l'oignon, le romarin, la marjolaine, l'ail, le sel de mer et le poivre dans un robot culinaire. Battre jusqu'à ce que le mélange forme une pâte. Vous pouvez également mélanger ces ingrédients dans un bol jusqu'à ce qu'ils soient bien combinés (voir le conseil de préparation).

Presser le mélange dans un moule à pain. Cuire jusqu'à ce qu'il atteigne 165 degrés de température interne. Retirer du four et laisser reposer 20 minutes avant de trancher.

Couper le gyro et verser la sauce tzatziki dessus.

Nutrition (pour 100g): 289 Calories 1g Lipides 20g Glucides 50g Protéines 622mg Sodium

Moussaka

Temps de préparation : 10 minutes
temps de cuisson: 45 minutes
Portions : 8
Niveau de difficulté : difficile

Ingrédients:

- 5 cuillères à soupe d'huile d'olive extra vierge, divisée
- 1 aubergine, tranchée (avec la peau)
- 1 oignon haché
- 1 poivron vert, épépiné et haché
- Dinde hachée d'une demi-livre
- 3 gousses d'ail hachées
- 2 cuillères à soupe de pâte de tomate
- 1 boîte de tomates concassées, égouttées
- 1 cuillère à soupe d'assaisonnement italien
- 2 cuillères à café de sauce Worcestershire
- 1 cuillère à café d'origan séché
- ½ cuillère à café de cannelle en poudre
- 1 tasse de yogourt grec sans gras ni sucre
- 1 œuf battu
- ¼ cuillère à café de poivre noir fraîchement moulu
- ¼ cuillère à café de muscade moulue
- ¼ tasse de parmesan râpé
- 2 cuillères à soupe de feuilles de persil frais hachées

Instructions:

Préchauffer le four à 400 ° F. Cuire 3 cuillères à soupe d'huile d'olive jusqu'à ce qu'elle commence à scintiller. Ajouter les tranches d'aubergine et faire dorer 3 à 4 minutes de chaque côté. Transférer sur des serviettes en papier pour égoutter.

Remettre la poêle sur le feu et verser les 2 cuillères à soupe d'huile d'olive restantes. Ajouter l'oignon et le poivron vert. Poursuivre la cuisson jusqu'à ce que les légumes soient tendres. Retirer de la poêle et réserver.

Porter la poêle à feu et incorporer la dinde. Cuire environ 5 minutes, en émiettant à la cuillère, jusqu'à ce qu'ils soient dorés. Ajouter l'ail et cuire 30 secondes en remuant constamment.

Incorporer la pâte de tomate, les tomates, l'assaisonnement italien, la sauce Worcestershire, l'origan et la cannelle. Remettre l'oignon et le poivron dans la poêle. Cuire 5 minutes en remuant. Mélanger le yogourt, l'œuf, le poivre, la muscade et le fromage.

Disposer la moitié du mélange de viande dans un plat allant au four de 9 x 15 pouces. Couche avec la moitié de l'aubergine. Ajouter le reste du mélange de viande et le reste des aubergines. Étendre le mélange de yogourt. Cuire jusqu'à coloration dorée. Garnir de persil et servir.

Nutrition (pour 100g): 338 Calories 5g Lipides 16g Glucides 28g Protéines 569mg Sodium

Longe de porc aux herbes et dijon

Temps de préparation : 10 minutes

temps de cuisson: 30 minutes

Portions : 6

Niveau de difficulté : moyen

Ingrédients:

- ½ tasse de feuilles de persil italien frais, hachées
- 3 cuillères à soupe de feuilles de romarin frais, hachées
- 3 cuillères à soupe de feuilles de thym frais, hachées
- 3 cuillères à soupe de moutarde de dijon
- 1 cuillère à soupe d'huile d'olive extra vierge
- 4 gousses d'ail hachées
- ½ cuillère à café de sel de mer
- ¼ cuillère à café de poivre noir fraîchement moulu
- 1 filet de porc (1 ½ livre)

Instructions:

Préchauffer le four à 400 °F. Incorporer le persil, le romarin, le thym, la moutarde, l'huile d'olive, l'ail, le sel de mer et le poivre. Traiter pendant environ 30 secondes jusqu'à consistance lisse. Étendre le mélange uniformément sur le porc et le placer sur une plaque à pâtisserie à rebords.

Rôtir jusqu'à ce que la viande atteigne une température interne de 140 ° F. Retirer du four et réserver 10 minutes avant de trancher et de servir.

Nutrition (pour 100g): 393 Calories 3g Lipides 5g Glucides 74g Protéines 697mg Sodium

Steak au Vin Rouge - Sauce aux Champignons

Temps d'installation: minutes plus 8 heures pour mariner
temps de cuisson: 20 minutes
Portions : 4
Niveau de difficulté : difficile

Ingrédients:

- Pour la marinade et le steak
- 1 verre de vin rouge sec
- 3 gousses d'ail hachées
- 2 cuillères à soupe d'huile d'olive extra vierge
- 1 cuillère à soupe de sauce soja faible en sodium
- 1 cuillère à soupe de thym séché
- 1 cuillère à café de moutarde de dijon
- 2 cuillères à soupe d'huile d'olive extra vierge
- 1 à 1 ½ livre de bifteck de jupe, de bifteck plat ou de bifteck à trois pointes
- Pour la sauce aux champignons
- 2 cuillères à soupe d'huile d'olive extra vierge
- Un demi-kilo de champignons cremini, divisé en quatre
- ½ cuillère à café de sel de mer
- 1 cuillère à café de thym séché

- 1/8 cuillère à café de poivre noir fraîchement moulu
- 2 gousses d'ail hachées
- 1 verre de vin rouge sec

Instructions:

Pour faire la marinade et le steak

Dans un petit bol, mélanger le vin, l'ail, l'huile d'olive, la sauce soya, le thym et la moutarde. Verser dans un sac refermable et ajouter le steak. Réfrigérer le steak pour mariner pendant 4 à 8 heures. Retirer le bifteck de la marinade et éponger avec du papier absorbant.

Faites cuire l'huile dans une grande poêle jusqu'à ce qu'elle commence à frémir.

Placez le steak et faites cuire environ 4 minutes de chaque côté jusqu'à ce qu'il soit profondément doré de chaque côté et que le steak ait atteint une température interne de 140 ° F. Retirez le steak de la poêle et placez-le sur une assiette recouverte de papier d'aluminium pour le garder au chaud. chauffé, tout en préparant la sauce aux champignons.

Lorsque la sauce aux champignons est prête, coupez le steak contre le grain en tranches de ½ pouce d'épaisseur.

Pour faire la sauce aux champignons

Faire cuire l'huile dans la même poêle à feu moyen-vif. Ajouter les champignons, le sel de mer, le thym et le poivre. Cuire environ 6 minutes, en remuant très rarement, jusqu'à ce que les champignons soient dorés.

Faire revenir l'ail. Incorporer le vin et utiliser le côté d'une cuillère en bois pour retirer les morceaux dorés du fond de la poêle. Cuire jusqu'à ce que le liquide réduise de moitié. Servir les champignons avec une cuillère sur le steak.

Nutrition (pour 100g): 405 Calories 5g Lipides 7g Glucides 33g Protéines 842mg Sodium

Boulettes de viande à la grecque

Temps de préparation : 20 minutes

temps de cuisson: 25 minutes

Portions : 4

Niveau de difficulté : moyen

Ingrédients:

- 2 tranches de pain complet
- 1¼ livre de dinde hachée
- 1 oeuf
- ¼ tasse de chapelure de blé entier assaisonnée
- 3 gousses d'ail hachées
- ¼ oignon rouge, râpé
- ¼ tasse de feuilles de persil italien frais hachées
- 2 cuillères à soupe de feuilles de menthe fraîche hachées
- 2 cuillères à soupe de feuilles d'origan frais hachées
- ½ cuillère à café de sel de mer
- ¼ cuillère à café de poivre noir fraîchement moulu

Instructions:

Préchauffer le four à 350 ° F. Placer du papier parchemin ou du papier d'aluminium sur une plaque à pâtisserie. Passer le pain sous l'eau pour l'humidifier et essorer l'excédent. Râpez le pain humide en petits morceaux et placez-le dans un bol moyen.

Ajouter la dinde, l'œuf, la chapelure, l'ail, l'oignon rouge, le persil, la menthe, l'origan, le sel marin et le poivre. Bien mélanger. Former des boules de la taille d'un quart de tasse à partir du mélange. Placer les boulettes de viande sur la plaque à pâtisserie préparée et cuire au four environ 25 minutes ou jusqu'à ce que la température interne atteigne 165 °F.

Nutrition (pour 100g): 350 Calories 6g Lipides 10g Glucides 42g Protéines 842mg Sodium

agneau aux haricots

Temps de préparation : 10 minutes
Temps de cuisson : 1 heure
Portions : 6
Niveau de difficulté : difficile

Ingrédients:

- ¼ tasse d'huile d'olive extra vierge, divisée
- 6 côtelettes d'agneau, sans gras supplémentaire
- 1 cuillère à café de sel de mer, divisée
- ½ cuillère à café de poivre noir fraîchement moulu
- 2 cuillères à soupe de pâte de tomate
- 1 ½ tasse d'eau chaude
- 1 livre de haricots verts, parés et coupés en deux
- 1 oignon haché
- 2 tomates hachées

Instructions:

Faites cuire 2 cuillères à soupe d'huile d'olive dans une grande poêle jusqu'à ce qu'elle commence à frémir. Assaisonnez les côtelettes d'agneau avec ½ cuillère à café de sel de mer et 1/8 de cuillère à café de poivre. Cuire l'agneau dans l'huile chaude pendant environ 4 minutes de chaque côté jusqu'à ce qu'il soit doré des deux côtés. Déposer la viande sur un plat et réserver.

Remettre la poêle sur le feu et ajouter les 2 cuillères à soupe d'huile d'olive restantes. Chauffez jusqu'à ce qu'il commence à briller.

Dans un bol, faire fondre la pâte de tomate dans de l'eau chaude. Ajouter à la poêle chaude avec les haricots verts, l'oignon, les tomates et la ½ cuillère à café de sel de mer et ¼ de cuillère à café de poivre restants. Porter à ébullition, en utilisant le côté d'une cuillère pour racler les morceaux dorés du fond de la casserole.

Remettre les côtelettes d'agneau dans la poêle. Porter à ébullition et régler le feu à moyen-doux. Cuire pendant 45 minutes jusqu'à ce que les haricots soient tendres, en ajoutant plus d'eau au besoin pour ajuster l'épaisseur de la sauce.

Nutrition (pour 100g): 439 Calories 4g Lipides 10g Glucides 50g Protéines 745mg Sodium

Poulet à la sauce tomate balsamique

Temps de préparation : 10 minutes

temps de cuisson: 20 minutes

Portions : 4

Niveau de difficulté : moyen

Ingrédients

- 2 (8 onces ou 226,7 g chacune) poitrines de poulet désossées et sans peau
- ½ cuillère à café de sel
- ½ cuillère à café de poivre moulu
- 3 c. Huile d'olive vierge extra
- ½ c. tomates cerises coupées en deux
- 2 cuillères à soupe. échalote tranchée
- ¼ c. vinaigre balsamique
- 1 cuillère à soupe. ail haché
- 1 cuillère à soupe. graines de fenouil grillées, écrasées
- 1 cuillère à soupe. beurre

Instructions:

Coupez les poitrines de poulet en 4 morceaux et écrasez-les avec un maillet jusqu'à ce qu'elles aient ¼ de pouce d'épaisseur. Utilisez ¼ de cuillères à café de poivre et de sel pour enrober le poulet. Faites chauffer deux cuillères à soupe d'huile dans une poêle à feu moyen. Cuire les poitrines de poulet des deux côtés pendant trois minutes. Placez-le sur une assiette de service et couvrez-le de papier d'aluminium pour le garder au chaud.

Ajouter une cuillère à soupe d'huile, l'oignon et la tomate dans une poêle et cuire jusqu'à ce qu'ils soient ramollis. Ajouter le vinaigre et faire bouillir le mélange jusqu'à ce que le vinaigre soit réduit de moitié. Ajouter les graines de fenouil, l'ail, le sel et le poivre et cuire environ quatre minutes. Retirer du feu et incorporer le beurre. Verser cette sauce sur le poulet et servir.

Nutrition (pour 100g): 294 Calories 17g Lipides 10g Glucides 2g Protéines 639mg Sodium

Riz brun, fromage feta, petits pois frais et salade de menthe

Temps de préparation : 10 minutes
temps de cuisson: 25 minutes
Portions : 4
Niveau de difficulté : facile

Ingrédients:

- 2 ch. riz brun
- 3 ch. eau
- sel
- 5 onces ou 141,7 g de fromage feta émietté
- 2 ch. pois bouillis
- ½ c. menthe hachée, fraîche
- 2 cuillères à soupe. huile
- Sel et poivre

Instructions:

Mettre le riz brun, l'eau et le sel dans une casserole et faire chauffer à feu moyen, couvrir et porter à ébullition. Baisser le feu au minimum et laisser cuire jusqu'à ce que l'eau se dissolve et que le riz soit doux mais moelleux. laisser refroidir complètement

Ajouter le fromage feta, les pois, la menthe, l'huile d'olive, le sel et le poivre dans un saladier avec le riz refroidi et mélanger pour combiner. Servez et dégustez !

Nutrition (pour 100g): 613 Calories 18,2 g Lipides 45 g Glucides 12 g Protéines 755 mg Sodium

Pain plat complet farci aux olives et pois chiches

Temps de préparation : 10 minutes
temps de cuisson: 20 minutes
Portions : 2
Niveau de difficulté : moyen

Ingrédients:

- 2 poches pita pleines
- 2 cuillères à soupe. huile
- 2 gousses d'ail hachées
- 1 oignon haché
- ½ cuillère à café de cumin
- 10 olives noires hachées
- 2 ch. pois chiches bouillis
- Sel et poivre

Instructions:

Couper les poches de pita et réserver. Réglez le feu à moyen et placez une casserole en place. Ajouter l'huile et chauffer. Mélanger l'ail, l'oignon et le cumin dans la poêle chaude et remuer pendant que l'oignon ramollit et que le cumin devient aromatique. Ajouter les olives, les pois chiches, le sel et le poivre et mélanger jusqu'à ce que les pois chiches soient dorés.

Mettez la casserole hors du feu et utilisez votre cuillère en bois pour écraser grossièrement les pois chiches afin que certains soient intacts et d'autres écrasés. Réchauffez les pains pita au micro-ondes, au four ou dans une poêle propre sur la cuisinière.

Remplissez-les avec votre mélange de pois chiches et dégustez !

Nutrition (pour 100g): 503 Calories 19g Lipides 14g Glucides 15.7g Protéines 798mg Sodium

Carottes Rôties aux Noix et Haricots Cannellini

Temps de préparation : 10 minutes
temps de cuisson: 45 minutes
Portions : 4
Niveau de difficulté : moyen

Ingrédients:

- 4 carottes pelées, hachées
- 1 ch. des noisettes
- 1 cuillère à soupe. cher
- 2 cuillères à soupe. huile
- 2 ch. haricots cannellini en conserve, égouttés
- 1 brin de thym frais
- Sel et poivre

Instructions:

Régler le four à 400 F/204 C et tapisser une plaque à pâtisserie ou une plaque à biscuits de papier parchemin. Placer les carottes et les noix sur la plaque à pâtisserie ou la plaque à pâtisserie. Saupoudrer d'huile d'olive et de miel sur les carottes et les noix et frotter le tout pour s'assurer que chaque morceau est enrobé

Étaler les haricots sur le plateau et le nicher dans les carottes et les noix

Ajouter le thym et saupoudrer le tout de sel et de poivre. Placer la plaque au four et cuire environ 40 minutes.

servir et déguster

Nutrition (pour 100g): 385 Calories 27g Lipides 6g Glucides 18g Protéines 859mg Sodium

Poulet assaisonné au beurre

Temps de préparation : 10 minutes

temps de cuisson: 25 minutes

Portions : 4

Niveau de difficulté : moyen

Ingrédients:

- ½ c. Crème Fouettée Épaisse
- 1 cuillère à soupe. sel
- ½ c. bouillon d'os
- 1 cuillère à soupe. Poivre
- 4 c. Beurre
- 4 demi-poitrines de poulet

Instructions:

Placez la plaque de cuisson au four à feu moyen et ajoutez une cuillère à soupe de beurre. Lorsque le beurre est chaud et fondu, ajouter le poulet et cuire cinq minutes de chaque côté. Au bout de ce temps, le poulet doit être bien cuit et doré ; si c'est le cas, allez-y et mettez-le dans une assiette.

Ensuite, vous ajouterez le bouillon d'os dans la marmite. Ajouter la crème fraîche, saler et poivrer. Laissez ensuite la casserole tranquille jusqu'à ce que la sauce commence à bouillir. Laissez ce processus se dérouler pendant cinq minutes pour que la sauce épaississe.

Enfin, vous allez remettre le reste du beurre et le poulet dans la poêle. Assurez-vous d'utiliser une cuillère pour verser la sauce sur le poulet et l'étouffer complètement. Servir

Nutrition (pour 100g): 350 calories 25 g de matières grasses 10 g de glucides 25 g de protéines 869 mg de sodium

Poulet Double Fromage Bacon

Temps de préparation : 10 minutes

temps de cuisson: 30 minutes

Portions : 4

Niveau de difficulté : facile

Ingrédients:

- 4 onces ou 113 g. Fromage Frais
- 1 ch. Fromage cheddar
- 8 tranches de bacon
- Sel de mer
- Poivre
- 2 gousses d'ail hachées
- Poitrine de poulet
- 1 cuillère à soupe. Bacon Graisse ou Beurre

Instructions:

Réglez le four à 400 F / 204 C Coupez les poitrines de poulet en deux pour les rendre minces

Assaisonner avec du sel, du poivre et de l'ail. Graisser un plat allant au four avec du beurre et y déposer les poitrines de poulet. Ajouter le fromage à la crème et le fromage cheddar sur les poitrines

Ajouter également les tranches de bacon Placer la plaque au four pendant 30 minutes Servir chaud

Nutrition (pour 100g): 610 Calories 32g Lipides 3g Glucides 38g Protéines 759mg Sodium

Crevettes au Citron et Poivre

Temps de préparation : 10 minutes

temps de cuisson: 10 minutes

Portions : 4

Niveau de difficulté : facile

Ingrédients:

- 40 crevettes développées décortiquées
- 6 gousses d'ail hachées
- sel et poivre noir
- 3 c. huile
- ¼ cuillère à café de paprika
- Une pincée de flocons de piment rouge broyés
- ¼ cuillère à café de zeste de citron râpé
- 3 c. Xérès ou autre vin
- 1½ c. oignons de printemps tranchés
- 1 jus de citron

Instructions:

Réglez le feu à moyen-élevé et placez une casserole en place.

Ajouter l'huile d'olive et les crevettes, saupoudrer de poivre et de sel et cuire 1 minute. Ajouter le paprika, l'ail et les flocons de piment, remuer et cuire 1 minute. Incorporer délicatement le xérès et cuire encore une minute.

Retirer les crevettes du feu, ajouter les échalotes et le zeste de citron, remuer et transférer les crevettes dans des assiettes. Ajouter le jus de citron et servir

Nutrition (pour 100g): 140 Calories 1g Lipides 5g Glucides 18g Protéines 694mg Sodium

Flétan pané et assaisonné

Temps de préparation : 5 minutes

temps de cuisson: 25 minutes

Portions : 4

Niveau de difficulté : facile

Ingrédients:

- ¼ c. ciboulette fraîche hachée
- ¼ c. aneth frais haché
- ¼ cuillère à café de poivre noir moulu
- ¾ c. chapelure panko
- 1 cuillère à soupe. Huile d'olive vierge extra
- 1 c. zeste de citron finement râpé
- 1 c. sel de mer
- 1/3 c. persil frais haché
- 4 (6 onces ou 170 g. chacun) filets de flétan

Instructions:

Dans un bol moyen, fouetter ensemble l'huile d'olive et le reste des ingrédients sauf les filets de flétan et la chapelure

Placer les filets de flétan dans le mélange et laisser mariner pendant 30 minutes Préchauffer le four à 400 F / 204 C Mettre une feuille sur une plaque à pâtisserie, vaporiser d'un aérosol de cuisson Tremper les filets dans la chapelure et déposer sur la plaque à pâtisserie Cuire au four pendant 20 minutes servir chaud

Nutrition (pour 100g): 667 Calories 24.5g Lipides 2g Glucides 54.8g Protéines 756mg Sodium

Curry de saumon à la moutarde

Temps de préparation : 10 minutes

temps de cuisson: 20 minutes

Portions : 4

Niveau de difficulté : facile

Ingrédients:

- ¼ cuillère à café de piment rouge moulu ou de poudre de chili
- ¼ cuillère à café de curcuma, moulu
- ¼ cuillère à café de sel
- 1 c. cher
- ¼ cuillère à café d'ail en poudre
- 2 c. moutarde à l'ancienne
- 4 (6 onces ou 170 g chacun) filets de saumon

Instructions:

Dans un bol, mélanger la moutarde et le reste des ingrédients sauf le saumon. Préchauffer le four à 350 F / 176 C Enduire une plaque à pâtisserie d'un aérosol de cuisson. Placer le saumon sur la plaque de cuisson côté peau vers le bas et étaler uniformément le mélange de moutarde sur le dessus des filets. Mettre au four et cuire 10 à 15 minutes ou jusqu'à ce que des flocons se forment.

Nutrition (pour 100g): 324 Calories 18,9 g Lipides 1,3 g Glucides 34 g Protéines 593 mg Sodium

Saumon en croûte de noix et romarin

Temps de préparation : 10 minutes

temps de cuisson: 25 minutes

Portions : 4

Niveau de difficulté : moyen

Ingrédients:

- 1 livre ou 450 g. filet de saumon sans peau congelé
- 2 c. Moutarde de Dijon
- 1 gousse d'ail hachée
- ¼ cuillère à café de zeste de citron
- ½ cuillère à café de miel
- ½ cuillère à café de sel casher
- 1 c. romarin fraîchement haché
- 3 c. chapelure panko
- ¼ cuillère à café de piment rouge broyé
- 3 c. noix hachées
- 2 cuillères à café d'huile d'olive extra vierge

Instructions:

Réglez le four à 420 F / 215 C et utilisez du papier parchemin pour tapisser une plaque à pâtisserie à rebords. Dans un bol, mélanger la moutarde, le zeste de citron, l'ail, le jus de citron, le miel, le romarin, le piment rouge broyé et le sel. Dans un autre bol, mélanger les noix, le panko et 1 c. à thé d'huile. Placer le papier sulfurisé sur la plaque de cuisson et déposer le saumon dessus.

Étendre le mélange de moutarde sur le poisson et recouvrir du mélange de panko. Vaporiser légèrement le reste d'huile d'olive sur le saumon. Cuire au four environ 10 à 12 minutes ou jusqu'à ce que le saumon se sépare à la fourchette. Servir chaud

Nutrition (pour 100g): 222 Calories 12 g Lipides 4 g Glucides 0,8 g Protéines 812 mg Sodium

Spaghetti rapide aux tomates

Temps de préparation : 10 minutes

temps de cuisson: 25 minutes

Portions : 4

Niveau de difficulté : moyen

Ingrédients:

- 8 onces ou 226,7 g de spaghettis
- 3 c. huile
- 4 gousses d'ail tranchées
- 1 jalapeno, tranché
- 2 ch. tomate cerise
- Sel et poivre
- 1 c. vinaigre balsamique
- ½ c. Parmesan râpé

Instructions:

Faire bouillir une grande casserole d'eau à feu moyen. Ajouter une pincée de sel et porter à ébullition, puis ajouter les spaghettis. Laisser cuire 8 minutes. Pendant que les pâtes cuisent, chauffer l'huile dans une poêle et ajouter l'ail et le jalapeno. Cuire encore 1 minute puis ajouter les tomates, le poivre et le sel.

Cuire pendant 5 à 7 minutes jusqu'à ce que la peau des tomates éclate.

Ajouter le vinaigre et retirer du feu. Bien égoutter les spaghettis et mélanger avec la sauce tomate. Saupoudrer de fromage et servir immédiatement.

Nutrition (pour 100g): 298 Calories 13,5 g Lipides 10,5 g Glucides 8 g Protéines 749 mg Sodium

Fromage au four avec origan au poivre

Temps de préparation : 10 minutes

temps de cuisson: 25 minutes

Portions : 4

Niveau de difficulté : facile

Ingrédients:

- 8 onces ou 226,7 g de fromage feta
- 4 onces ou 113 g de mozzarella, émiettée
- 1 piment haché
- 1 c. origan sec
- 2 cuillères à soupe. huile

Instructions:

Placer la feta dans un petit plat profond allant au four. Couvrir avec la mozzarella et assaisonner avec des tranches de poivron et d'origan. couvrez votre casserole avec un couvercle. Cuire au four préchauffé à 350 F / 176 C pendant 20 minutes. Servir le fromage et déguster.

Nutrition (pour 100g): 292 Calories 24,2 g Lipides 5,7 g Glucides 2 g Protéines 733 mg Sodium

311. Poulet Italien Croustillant

Temps de préparation : 10 minutes

temps de cuisson: 30 minutes

Portions : 4

Niveau de difficulté : facile

Ingrédients:

- 4 cuisses de poulet
- 1 c. basilic sec
- 1 c. origan sec
- Sel et poivre
- 3 c. huile
- 1 cuillère à soupe. vinaigre balsamique

Instructions:

Bien assaisonner le poulet avec du basilic et de l'origan. À l'aide d'une poêle, ajouter l'huile et faire chauffer. Ajouter le poulet à l'huile chaude. Laissez chaque côté cuire pendant 5 minutes jusqu'à ce qu'ils soient dorés, puis couvrez la poêle avec un couvercle.

Réglez le feu à moyen et faites cuire pendant 10 minutes d'un côté, puis retournez le poulet à plusieurs reprises et laissez cuire encore 10 minutes jusqu'à ce qu'il soit croustillant. Servir le poulet et déguster.

Nutrition (pour 100g): 262 Calories 13,9 g Lipides 11 g Glucides 32,6 g Protéines 693 mg Sodium

www.ingramcontent.com/pod-product-compliance
Lightning Source LLC
Chambersburg PA
CBHW071239080526

44587CB00013BA/1684